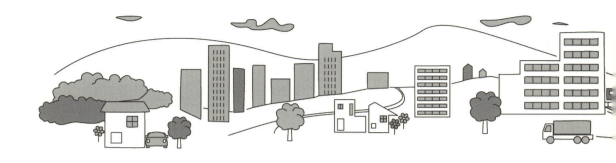

財政状況資料集

から読み解く
わがまちの財政

著者 大和田一紘
　　　石山雄貴
　　　菊池　稔

自治体研究社

財政状況資料集から読み解くわがまちの財政

目次

第1章 財政健全化法施行から10年、果たして自治体の財政は
　　　 健全になったのか？ ·· 7

第2章 類似団体比較カードを読み解く ································ 11
　1　類似団体比較カード公開の意義　12
　2　市町村の分類　13
　3　類似団体比較カードの読み方（使い方）　15
　　1　わがまちの市町村類型は？　15
　　2　類似団体比較カードを読み解く　15

第3章 財政状況資料集を読み解く ································ 21
　1　財政状況資料集の構成と公開の意義　22
　　1　財政状況資料集の構成　22
　　2　財政状況資料集公開の意義　22
　2　財政状況資料集の読み解き方のポイント　24
　　1　「総括表（市町村）」から知るわがまちの会計の種類　24
　　2　「(1) 普通会計の状況（市町村）」から知る財政の大枠　29
　　3　「(2) 各会計、関係団体の財政状況及び健全化判断比率（市町村）」からみる
　　　　財政健全化比率　35
　　4　「(3) 市町村財政比較分析表（普通会計決算）」からみる財政指標　42
　　5　「(4)-1 市町村経常経費分析表（普通会計決算）（経常収支比率の分析）」か
　　　　ら知る経常収支比率の内訳　44
　　6　「(4)-2 市町村経常分析表（普通会計決算）（人件費・公債費・普通建設事
　　　　業費の分析）」から考える「実質的な義務的経費」　48
　　7　「(5) 市町村性質別歳出決算分析表（住民一人当たりのコスト）」「(6) 市町村
　　　　目的別歳出決算分析表（住民一人当たりのコスト）」からみる公共サービ
　　　　スのあり方　51
　　8　「(7) 実質収支比率等に係る経年分析（市町村）」からみる自治体のやりく
　　　　り　53
　　9　「(8) 連結実質赤字比率に係る赤字・黒字の構成分析（市町村）」からみる各
　　　　会計の黒字・赤字　55
　　10　「(9) 実質公債費比率（分子）の構造（市町村）」からみる実質公債費比率の
　　　　カラクリ　57
　　11　「(10) 将来負担比率（分子）の構造（市町村）」からみる将来負担比率のカラ
　　　　クリ　59
　　12　「(11) 基金残高（東日本大震災分を含む）に係る経年分析（市町村）」からみ
　　　　るわがまちの備え　62

目 次

第4章　類似団体比較カード・財政状況資料集を用いた
財政分析の実例 ··· 65
　1　福井県福井市の財政状況　*66*
　2　長野県松本市の財政状況　*73*

第5章　地方交付税のしくみと意義 ··· 81
　1　地方交付税の概要　*82*
　　1　地方交付税の役割　*82*
　　2　地方交付税額の推移　*83*
　　3　臨時財政対策債の課題　*89*
　2　地方交付税算出の基礎　*90*
　　1　基準財政収入額の概要　*90*
　　2　基準財政需要額の概要　*91*
　　3　基準財政需要額算定方法の変化　*93*
　3　地方自治と地方交付税　*94*
　　1　地方創生と地方交付税　*94*
　　2　公共施設等再編計画と地方交付税　*96*
　　3　市町村合併と地方交付税　*97*
　4　地方交付税算定台帳の見方　*99*

あとがき　地方財政を私たちの手に　*105*

第 1 章

財政健全化法施行から 10 年、
果たして自治体の財政は健全になったのか？

2000年4月の地方分権一括法が契機となり、総務省方式の決算カードが2001年度から入手できるようになりました。この決算カードには、各自治体の普通会計における財政情報が一枚にまとめられています。また、その形式は全自治体共通になっています。公開前の財政資料は予算書や決算書が中心で、自治体の「予算・決算のあらまし」が書かれた広報誌を経年的に分析しなければ自身が住む自治体の財政状況やその課題がみえてきませんでした。総務省方式の決算カードの公開によって、住民が住む自治体の変化や変容を読み解くことが可能となりました。さらに隣接自治体と比較したり、決算統計（地方財政状況調査表）の入手の道も開かれるようになりました。

　決算カードの公開以降、**図表1-1**のようにさまざまな財政資料の公開が進みました。その間に財政健全化法が制定され、自治体は実質赤字比率、連結実質赤字比率、実質公債費比率、将来負担比率を算定し、公表することを義務づけられました。これらの指標の公開の義務化に伴い、健全化判断比率・資金不足比率カードが作成されました。そして2010年以降は、健全化判断比率・資金不足比率カードと従来からあった決算カード、財政状況等一覧表、財政比較分析表、歳出比較分析表とが財政状況資料集にまとめられ公開されるようになりました。財政状況資料集をみることで、普通会計だけではなく公営事業会計にも目が届くようになりました。さらに、類似団体比較カードの公開によって類似団体と比較することも可能になりました。

　しかし、現状のままで十分でしょうか。財政健全化法を契機とし自治体が主に使う普通会計以外の公営事業会計にまで情報公開が広がったことは、一定の価値があります。また、財政情報を公開する量も増えてきました。財政情報の公開が進むと、財政の透明性があがり、チェック体制が強化されるため、財政状況が良くなるといわれています。そのため、財政健全化法施行以降、財政情報の公開が進み、財政状況が良くなったと考えられがちです。しかし、現実の市町村ではそうなってません。全国の市町村の財政状況を見渡すと、厳しい財政状況の自治体は多く存在しています。なぜでしょうか。答えは単純で、財政状況資料集といった財政資料が「読みにくい」からです。急にこれらの資料をみせられても、何が書いてあるのかよくわかりません。特に、財政状況資料集で強調される普通会計以外の会計間の連結や実質赤字の連結、実質公債費率、将来負担比率は、それらの値をいきなり開示されても、それの値が持つ意味はわかりません。そのため、財政情報を公開する量が増えながらも、チェック機能が働いていないのです。

　その責任はどちらかというと情報提供元にあります。情報提供というのは、ただ一方的に数値を出すだけでは意味がありません。住民でもわかるように説明を加えながら、住民が理解して初めて情報提供を果たしたといえます。その点で、北海道ニセコ町の実践は画期的です。ニセコ町は日本で最初の自治基本条例である「ニセコ町まちづくり基本条例」を持ち、「情報共有」と「住民参加」をまちづくりの柱としています。まちづくり基本条例を制定する以前から情報共有を大事にしており、1995年から予算説明書『もっと知りたいことしの仕事』を作り全戸配布しています。通常の予算書は、事業名と金額のみで構成されてお

第1章　財政健全化法施行から10年、果たして自治体の財政は健全になったのか？

図表1-1　公開された主な財政資料

	平成29年度決算	平成28年度決算
地方財政白書	平成31年3月公表	平成30年3月公表
地方財政白書ビジュアル版	令和元年8月公表	平成30年7月公表
White Paper on Local Public Finance —Illustrated—	令和元年8月公表	平成30年8月公表
普通会計決算の概要	平成30年11月公表	平成29年11月公表
地方財政統計年報	令和元年8月公表	平成30年8月公表
都道府県財政指数表	平成31年4月公表	平成30年4月公表
類似団体別市町村財政指数表	令和元年8月公表	平成30年8月公表
決算カード	平成31年3月公表	平成30年3月公表
財政状況資料集	平成31年3月公表	平成30年3月公表
地方公共団体の主要財政指標一覧	平成30年12月公表	平成29年12月公表
都道府県決算状況調	平成31年2月公表	平成30年2月公表
市町村別決算状況調	平成31年3月公表	平成30年3月公表
公共施設状況調経年比較表	令和元年9月公表	平成30年8月公表

出所：総務省ウェブページを基に筆者作成。

り、それをみるだけではイメージがつかめません。一方でこの『もっと知りたいことしの仕事』では、中学生でも読めることをコンセプトに、すべての事業を具体的に掲載しています。また、その年の事業について予算書の費目ごとに掲載するのではなく、総合計画に基づいた区分で分類し、さらに、町の財政状況も他自治体と比較しながら記載しています。

ニセコ町の実践を受け、わかりやすい財政情報の開示が進みつつあります。町の広報における財政情報の記述をみても、単に目玉事業の説明、歳入の内訳と歳出の内訳の円グラフを乗せるだけではなく、財政を経年的にみたり、他団体と比較することでわがまちの財政の見方が変わってくるものです。さらに、自治体で財政白書をつくる動きも出てきています。

ただし、その多くは職員目線で作られていることに注意が必要です。健全な財政運営をしていくためには、財政の三権分立が必要です。それは、予算編成を担う行政と予算修正を担う議会、そしてなによりそれらを監視する住民からなります。しかし、大抵の自治体の状況をみると、議会と住民の持つ力があまりにも小さいです。そのため、住民が望んでいない大型事業が実施され、多額の債務が後年に残っているような自治体も少なくありません。そうした状況を打破していくためには、住民（と議会）がわがまちの財政を住民（議会）目線で分析していく必要があります。

自治体の財政分析のためには、自治体の中だけではなく、自治体の外、つまり、都道府県や国との関わりにも目を向けていく必要があります。これまでの国の地方政策をみると、特に地方交付税制度を改定し、上手く利用しながら、地方を縛り付け、中央集権を進めてきた状況があります。地方交付税は自治体からすると、大事な財源であり、小規模自治体では地方交付税が主たる財源となっています。そのため、わがま

ちの財政を分析することでわがまちと国との関係性もみえてきます。地方財政が国によって歪められつつある今こそ、市民目線で財政を分析することが求められています。

　本書では、これまであまり解説されてこなかった「財政状況資料集」と「類似団体比較カード」の見方を解説していきます。両方ともインターネットからダウンロードが可能になりました。「財政状況資料集」には、さまざまな財政情報が載っており、この読み方をマスターできれば、わがまちが

抱える財政課題がたくさんみえてきます。また「類似団体比較カード」をみることで、わがまちの立ち位置がみえてきます。自分のまちの特性がわかり、今後の財政運営のヒントになるでしょう。さらに、地方交付税制度の解説と交付税算定台帳の見方も加えました。地方交付税制度をつかむことで初めて団体自治と住民自治の両方の視点から、地方自治を考えることができます。

　それでは、ページをめくり、わがまちの財政状況を分析してみましょう。

第 2 章

類似団体比較カードを読み解く

1 類似団体比較カード公開の意義

　財政を分析する方法は主に二つあります。一つは経年的にみることです。財政を経年的にみて、その推移を把握し、その背景を探ることはまちづくりを点検していく上で重要なことです。例えば、民生費でしたら、ここ30年でどれだけ増加しているのか、その要因はどこにあるのかを分析することで今後の福祉政策の見通しを考えたりします。

　もう一つ大事な分析手法が、他市町村との比較です。他の市町村と比べ、教育費は多いのか少ないのか、民生費はどうなのかなど、違いをみることが自分たちのまちの特徴をつかむことにつながります。また、その違いの要因は政策方針にあるのか、社会的条件・地理的条件にあるのかなどを考察していくことは、財政の特徴をつかむ上で大事なことです。

　例えば、2018年度にある区分で1000万円の支出があったとします。単年度でみると1000万円の支出があったことしかわかりません。多くの広報における「財政のお知らせ」では単年度決算しか載っていません。それだけでは、こういった事業でこのくらいのお金を使ったんだな、という程度のことしかわかりません。次に、経年的にみてみると、2017年度まで500万円程度で支出していたのに2018年度だけ1000万円だったとします。すると、2018年度で1000万円の支出があったことのほか、その年だけ2倍に増額していることがわかってきます。さらに他市町村と比較すると、多くの同規模の市町村では300万円の支出でこれまで推移してきたとします。すると2018年

度で他市町村と比べかなり高い支出をしていることがわかります。経年比較と他市町村との比較を組み合わせると、これまで他市町村と比べ高く推移してきており、2018年度ではさらに高い支出が出ていることがわかってきます。つまり、経年的にみたり、他市町村と比較することで、この1000万円の支出の持つ意味が多面的にみえてくるのです。

　他市町村との比較分析のために使う資料が「類似団体比較カード」です。類似団体比較カードは、総務省の決算カードがダウンロードできるページで、同様にダウンロードできます。総務省のウェブサイトで、2006年度版からダウンロードできるので、これを用いた経年比較も可能です。また、この資料は、毎年必ず作っている資料ですので、2006年度版以前の資料も財政課で保管しているはずです。

　類似団体比較カードが、総務省のウェブサイトで公開されるようなったのは、2018年3月で最近の出来事です。それ以前では、類似団体比較カードの公開は、各市町村が属する都道府県の意向に任され、都道府県のウェブサイトで主に公開されていました。そのため、決算カードのような利用の広がりはこれまでありませんでした。公開が遅れていた背景には、自治体の財政現場では比較を嫌う傾向があり、都道府県レベルでも積極的に公開してこなかったことが挙げられます。予算を組む財政現場には、ある意味職人かたぎの雰囲気があります。そこでは、類似団体の比較のみならず隣接している自治体同士の比較をすること自体、相手に礼を欠くといわれていました。こうした状況を打ち破ったのが北海道ニセコ町です。ニセコ町の『もっと知りたいことしの

仕事』では、さまざまな財政指標を隣接する自治体と比較もしています。当初の掲載では「自分のまちだけがいい子ぶって」等と、財政職員が他自治体の財政職員の批判にあったそうです。しかし、財政情報を経年的に比較することや類似団体と比較することは自らの自治体をより深く理解するうえで必要なことです。

また、類似団体比較カードが公開されるようになった背景には、財政の「見える化」が進められたこともあります。「地方創生」政策と関連して、総務省は財政の「見える化」を進めることとしました。その一つが「RESAS（リーサス）」の公開でした。「RESAS」をみると、人口や産業構造などがビジュアルでわかります。また、内閣府では「経済・財政と暮らしの指標『見える化』データベース」を2016年に公開し、財政や経済に関するデータ・指標の比較を表すサイトも作られています。さらに、財政状況資料集も市町村性質別歳出決算分析表、市町村目的別歳出決算分析表、公会計指標分析・財政指標組合せ分析、施設類型別ストック情報分析表のシートが増え、より充実した資料になってきています。そうした「見える化」の流れのなかで、類似団体比較カードがウェブ上で公開されるようになったのだと推測されます。

2 市町村の分類

類似団体比較カードは類似団体別市町村財政指数表を元に作成されています。市町村財政の運営のあり方は、その市町村によって多様です。そのため、闇雲に他の市と比較してもあまり意味がありません。わがまちの市町村の財政運営を振り返り、今後の見通しを立てていくためには、わがまちと似た状況にある市町村財政と比較し、それを自らの市町村財政の状況を計るものさしとする必要があります。そこで、人口規模と産業構造等をもとに自治体を類型化し、その類型にある自治体（類似団体）の決算額等の平均値を示した資料が類似団体別市町村財政指数表です。類似団体比較カードには、その自治体人口一人当たりの決算等の額とその自治体が所属する類型の自治体の平均値が並んで掲載しており、比較をするにはとても便利な資料になっています。

これらの資料に示された類似団体平均の金額は、現に活動している市町村の具体的な現実の姿であり、あるべき姿や理想図を示したものではありません。平均値はあくまで平均値でしかないのですが、それだけに身近な尺度として利用できるはずです。例えば、ある分野について、わがまちでは力を入れていない（予算をつけていない）と考えるのであれば、類似団体の金額を一つの目安にして、類似団体と同程度予算を増額するためにはどういったことが必要なのかを考えたり、支出が多すぎると考えているのであれば、当面類似団体の金額程度まで下げるためにはどういったことが必要なのかを考えたりすることができます。また、類似団体よりも支出が多いことから、私たちの自治体は比較的その分野に力を入れているのではないか、と仮説を立てることもできます。類似団体よりも支出が少ないのであれば、それだけサービスの量が少ないもしくは効率的にうまく仕事ができている可能性があるとも考えられます。わがまちと類似団体の数値はあるべき数値ではなく、類似団体との差異が財政をより理解するための手助けになると考えてください。

図表 2—1 市町村の類型化

政令指定都市（1 類型）
選定団体数 20 団体（該当団体数 20 団体）
特別区（1 類型）
選定団体数 23 団体（該当団体数 23 団体）
中核市（1 類型）
選定団体数 48 団体（該当団体数 48 団体）
施行時特例市（1 類型）
選定団体数 36 団体（該当団体数 36 団体）

都　　市		II 次、III 次 90% 以上		II 次、III 次 90% 未満		計
		III 次 65% 以上	III 次 65% 未満	III 次 55% 以上	III 次 55% 未満	
		3	2	1	0	
50,000 人未満	I	34 （ 36）	67 （ 73）	126 （128）	33 （ 36）	260 （272）
50,000〜100,000 未満	II	82 （ 85）	89 （ 93）	66 （ 69）	12 （ 12）	249 （259）
100,000〜150,000 未満	III	49 （ 50）	30 （ 30）	21 （ 21）	1 （ 1）	101 （102）
150,000 人以上	IV	32 （ 32）	17 （ 17）	5 （ 5）	— （ —）	54 （ 54）
計		197 （203）	203 （213）	218 （223）	46 （ 48）	664 （687）

町　　村		II 次、III 次 80% 以上		II 次、III 次 80% 未満	計
		III 次 60% 以上	III 次 60% 未満		
		2	1	0	
50,000 人未満	I	56 （ 64）	46 （ 52）	136 （151）	238 （267）
5,000〜10,000 未満	II	56 （ 67）	75 （ 79）	92 （ 96）	223 （242）
10,000〜15,000 未満	III	48 （ 54）	50 （ 56）	35 （ 36）	133 （146）
15,000〜20,000 未満	IV	63 （ 63）	30 （ 31）	23 （ 24）	116 （118）
20,000 人以上	V	93 （100）	48 （ 49）	5 （ 5）	146 （154）
計		316 （348）	249 （267）	291 （312）	856 （927）

注：1　都市及び町村とも（ ）外は選定団体数、（ ）内は該当団体数を示す。
　　2　人口及び産業構造は平成 27 年国勢調査によった。なお、産業構造の比率は、分母を就業人口総数（分類不能の産業を含む。）とし、分子の II 次、III 次就業人口には分類不能の産業を含めずに算出している。
　　3　市町村数は平成 29 年 3 月 31 日現在によった。
出所：総務省「類似団体別市町村財政指数表」。

　市町村の分類は、**図表 2-1** の通り、市を 16、町村を 15 に分けています。市の場合は、政令指定都市、特別区、中核市、特例市と都市に分け、都市を人口と産業構造で類型化しています。町村の場合は人口と産業構造（都市の概ね 10 分の 1 の基準）で類型化しています。

3 類似団体比較カードの読み方（使い方）

1 わがまちの市町村類型は？

　類似団体との比較を行うにあたり、自分の自治体がどこの類型に所属しているのかを確認してください。それは、類似団体比較カードや決算カードの右上「市町村類型」の欄に載っています。可能であれば、類似団体別市町村財政指数表の附表「都道府県別団体名一覧表」をみてみるのも良いかと思います。こちらの資料には、全市町村の所属する類型を掲載しています。そのため、わがまちの類型の確認とともに、同じ都道府県や近隣市町村で同じ類型に属している自治体をピックアップすることができます。もし、同一都道府県内に同一類型の市町村がなければ、人口に関して同じ類型の自治体を優先してピックアップしてください。類似団体比較カードにある数字は全都道府県にある類似団体の平均値です。しかし、同一類似団体でも都道府県によって財政構造が大きく変わってくることがあります。例えば、歳入の都道府県支出金をみてみます。都道府県支出金は、簡単にいうと、都道府県から市町村への補助金です。その額は一般的に、各都道府県財政の豊かさに左右されます。そのため、東京都の自治体はとても多いのですが、それ以外の自治体ではさほど多くなく、都道府県ごとにバラツキがあります。比較はより近い構造の自治体と行った方が、自分たちの自治体の財政構造をつかむためには適しています。そのため、類似団体比較カードにある類似団体平均の金額とともに、同一都道府県内の類似団体の金額やその平均値と比較する

のがいいでしょう。

　類似団体別市町村財政指数表をみると、時折、非選定となっている自治体があります。類似団体の平均値をとるにあたり、類似団体内において特異な事例は除くようにしています。2012 年 4 月以降において、大規模な合併をした自治体、多額の赤字（実質単年度収支が標準財政規模の 10% 以上、実質赤字比率が 20% 以上）がある自治体、実質公債費比率が 25%、災害等の特殊事情があった自治体等は平均値の計算から外しています。

2 類似団体比較カードを読み解く

　類似団体比較カードをみてみましょう。大体の構造は決算カードと同じですが、当該自治体と類似団体平均の額が横並びであり、容易に比較できることが、この資料の最大の特徴です。歳入・歳出の各区分や財政指標の説明は、第 3 章「財政状況資料集を読み解く」でします。ここでは、「類似団体比較カード」には、「こういった情報が載っているんだな」、「ここに注意が必要なんだな」ということをつかんでください。

　地方財政のマクロな部分をみていきます。類似団体比較カード右下に決算収支と諸指標の状況があります。基本的に類似団体比較カードに書かれている数値は人口一人当たりの額で、単位は円を使っています。しかし、ここの決算収支と諸指標は、総額の値で単位は千円を使っているので、注意してください。まず、歳入歳出総額から自治体の財政規模が類似団体と比べどの程度大きいのか（少ないのか）を把握してください。多いのであれば（少ないのであれば）、それはなぜなのかを歳入をみる際に確認してください。地方税収が多いのか、もしく

図表2-2 松本市における歳入体系の類似団体比較（人口一人当たり　単位：万円）

歳入決算額	
当該団体	38.0
類似団体	36.8

一般財源等	
当該団体	27.2
類似団体	23.8

経常一般財源等	
当該団体	23.0
類似団体	19.7

地方税	
当該団体	14.6
類似団体	14.6

市町村民税	
当該団体	7.4
類似団体	7.1

特定財源	
当該団体	10.9
類似団体	12.9

臨時一般財源等	
当該団体	4.1
類似団体	4.2

地方交付税	
当該団体	5.6
類似団体	2.5

固定資産税	
当該団体	6.2
類似団体	6.6

その他	
当該団体	2.9
類似団体	2.5

その他	
当該団体	0.9
類似団体	0.9

注：小数点第2位を四捨五入しているため、数値の合算と表示している数値があわないことがあります。
出所：総務省「平成29年度市町村決算カード」「平成29年度類似団体比較カード」より筆者作成。

は依存財源である地方交付税額が多いのか、はたまた依存財源であり、特定財源である国庫支出金や都道府県支出金が多いのか、また、類似団体比較カードでは、経常一般財源等決算額のほかに経常経費充当一般財源等額も類似団体と比較して掲載しています。これらも見比べてどの区分が類似団体との差が大きくなっているのかを確認してみてください。

　歳入に関しては、通常の財政分析と同様に歳入総額と四大財源に注目してみましょう。四大財源とは、地方税、地方交付税、国庫支出金、地方債です。もし歳入規模が類似団体と比べて大きかったら、大きくなる要因が四大財源のうちどこにあるのかを確認してみてください。例えば、地方債に歳入規模が多くなる要因があるのならば、その年は公共事業等で多く起債したため、類似団体に比べて地方債の割合が大きいということになります。経年的にそうであれば、起債が伴う開発事業に頼った地域づくりをしてきているということになります。多く起債した分、これから公債費の割合が大きくなり、財政硬直化が予測できます。国庫支出金や都道府県支出金が多いのであれば、それだけ特定財源の占める割合が大きく、そのまちの仕事のうち、そのまちの裁量で実施する仕事量が少なくなってしまっているといえます。地方税収入が多い自治体であれば、それだけ経済活動が豊かであったり、活気がある自治体であるといえます。一方で、地方交付税額が多いのであれば、それだけ国への依存度の高い財政構造だといえます。これらは一般論ですので、余裕があればもう少し詳しく分析してもいいでしょう。国庫支出金であれば、国庫負担金、国庫補助金、国庫委託金に分類できます。国庫負担金は生活保護負担金や児童手当負担金等からなりますので、それが多いのであればそれだけその対象者が多いということです。国庫補助金は、国が自治体に事業を推奨するためだったり、その自治体に財政上特別に必要を認めた時に交付される補助金です。そのため、これが多い自治体は自分の「身の丈」に合っていないまちづくりをしている可能性が高いといえま

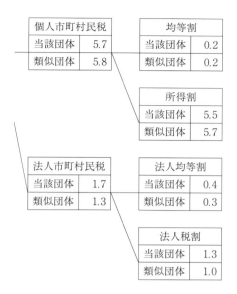

す。地方税をより詳しくみていくのであれば、歳入構造を体系化し把握することをお勧めします（**図表2-2**）。まず、歳入を一般財源等と特定財源に分けます。次に一般財源等を経常一般財源等と臨時一般財源等とに分けます。経常一般財源等を地方税、地方交付税、その他に分けます。地方税を市町村民税、固定資産税、その他に分けます。[*1] 市町村民税を個人市町村民税と法人市町村民税に分けます。個人市町村民税を個人均等割と所得割に、法人市町村民税を法人均等割と法人税割に分けます。類似団体のデータも集めて、同様に体系化し、類似団体と比較してもいいと思います。**図表2-2**をみると、松本市は人口一人当たりの歳入決算額、一般財源額、経常一般財源等額が多いこと、その要因が主に地方交付税にあることがわかります。ただし、これらの分析には、類似団体比較カードにある情報だけでは不足しますので、同類型の自治体の決算カードが必要になります。

次に目的別歳出をみていきましょう。類似団体比較カードでも決算カード同様に決算額、普通建設事業費、充当一般財源等の額を記載しています。ただし、決算カードと異なり歳出合計に占める割合を掲載していません。そこでまずは、「類似団体比較カード」にある当該団体と類似団体の各科目の歳出合計に占める割合を計算して出してください。次に、類似団体と自分の自治体で決算額を順位付けし、比較してみましょう。順位付けをした時、類似団体と比べて、ひょこんと上位（下位）に来ている区分があれば、それがまず注目すべきことになります。その区分については、上位（下位）に来ていることがその年だけのものなのか経年的なものなのかを確認してください。もし経年的なものであったら、それがその自治体の財政の特徴になります。その背景を決算書などから探ってみてください。

多くの当該団体・類似団体で額が大きいのが民生費だと思います。福祉サービスは自治体の一番重要なサービスであり、そこに自治体の特徴が表れます。まず、民生費の決算額と充当一般財源等の額に関して類似団体と当該団体とで額が多いか、少ないかを確認してみましょう。充当一般財源等の占める割合が多ければそれだけ、その自治体の独自施策をしていると考えられます。充当一般財源等の割合が低い（充当特定財源の割合が多い）場合は、児童福祉や生活保護など国や都道府県と折半して行う扶助事業が福祉サービスのメインになっていると考えられます。

民生費は、児童福祉費、老人福祉費、生活保護費、社会福祉費に分けられ、各決算額は決算書や決算統計、市町村財政状況調等に載っています。民生費が多いのであれば、どの福祉分野が多いのかをこれらの資料から探ってみましょう。さらに可能であ

れば類似団体の財政資料も集め、具体的にどの福祉分野で類似団体との違いがみられるのかを確認してみてください。

公債費も比較してほしい区分の一つです。公債費は、その年に地方債を返済した額です。類似団体よりも公債費が多いのであれば、それだけ財政が硬直化しているといえます。公債費と合わせて地方債現在高や過去の大型開発事業に伴う起債状況、償還計画を確認してみてください。

教育費は、そのまちの持続可能性に関わる区分です。例えば、現在、若者世代を中心に「田園回帰」の動きがみられます。なかでも田舎で子どもを育てたいと望む若者の教育移住を広く、受け入れていくためにも、教育費を確保し質を高めていくことが地域の持続可能性のために重要だと考えられます。

他にも、類似団体比較カードには決算カード同様に、各科目決算額内の普通建設事業費を載せています。それが類似団体と比べ高い科目があったら、その年に大型建設事業を行なったということですので、予算書等でどんな事業を行なったのかを確認してみてください。

次に性質別歳出をみてみましょう。性質別歳出は、よく使われる財政指標「経常収支比率」と関わる重要な歳出区分になります。類似団体比較カードは決算カードとは異なり、充当一般財源等の記載がない代わりに各科目ごとに経常収支比率が載っています。性質的歳出は、義務的経費、投資的経費、その他の経費に分けられます。性質別歳出をみるにあたり、まず義務的経費からみていきます。義務的経費は、人件費、扶助費、公債費からなります。一般的に義務的経費の歳出総額に対する割合が高いと

財政が硬直化しているといわれており、これをある程度減らしていこうとするのが潮流です。もし高いようであれば具体的にどの部分が高いのか人件費、扶助費、公債費を比較し確認してください。ただし、人件費や扶助費が高いとしても直ちに削らなくてはならないという話にはならないので注意してください。人件費が高いのであればそれだけ職員の仕事の質を担保しているとも考えられますし、類似団体より低いのであれば人件費の抑制をやめることも議論する必要があります。扶助費が高いのであれば、それだけ福祉に関する手当をしているということになります。これらの減額を議論するのであれば、そのまちの良さを損ねないよう留意する必要があります。もっとも扶助費の多くは特定財源ですので、充当一般財源等額も合わせて比較し、金額が高いか低いかを判断する必要があります。

次に義務的経費以下をみて比較しましょう。まず、物件費です。物件費の多くは委託料です。義務的経費を減らしていくため多くの自治体では、正規職員を減らし、外部委託していくことで、人件費を減らし、物件費を増やしてきました。ただしそれでは、財政の「効率化」が図れないと近年では、人件費だけではなく物件費も減らしていく自治体もみられます。わがまちが類似団体平均と比べ、どの程度公共サービスに携わる人への報酬を出しているのかを人件費と物件費の総額から、そのおおよそをつかんでみましょう。

その他の経費の中で比較的その割合が多いのが補助費等と繰出金です。自治体によっては、補助費等の額が類似団体平均と比べ、2倍や3倍になっていることもあります。補助費等には、補助金のほか公営企業

会計における法適用事業会計が含まれます。繰出金には、それ以外の公営事業会計が含まれます。近年では、公営企業会計を法非適用事業会計から法適用事業会計に移行している自治体も多いです。そのため、似たような会計でも、ある自治体ではそれが法適用事業会計でその会計への繰出を補助費等として分類し、またある自治体ではそれが法非適用事業会計でその会計への繰出を繰出金として分類していることがあります。補助費等や繰出金がとても多い自治体はどこにその要因があるのかを決算カードや財政状況資料集から確認をしてみてください。

経常収支比率は、経常経費充当一般財源等の経常一般財源総額に対する割合です。[*2]類似団体比較カードでは、各費目ごとの経常収支比率が載っていますので、具体的に何が経常収支比率を引き上げている（引き下げている）のかを確認することができます。[*3]また、類似団体比較カードに書かれている経常収支比率は、経常一般財源総額の分母に赤字地方債（主に臨時財政対策債）を含んだものです。理解を深めるためにも、分母に赤字地方債を含めず経常一般財源総額のみで計算する経常収支比率も一緒に出しておくといいと思います。[*4]

注

1　大和田一紘・石山雄貴『四訂版習うより慣れろの市町村財政分析』自治体研究社、2017、35ページ。
2　同書76〜77ページ。
3　同書80〜81ページ。
4　同書79ページ。

第3章

財政状況資料集を読み解く

1　財政状況資料集の構成と公開の意義

1　財政状況資料集の構成

　財政状況資料集は、**図表3-1**の13シートから構成される財政資料です。

　ただし、(5)「市町村性質別歳出決算分析表（住民一人当たりのコスト）(6)「市町村目的別歳出決算分析表（住民一人当たりのコスト）」は2015（平成27）年度から、(11)「基金残高（東日本大震災分を含む）に係る経年分析（市町村）」は2017（平成29）年度から加わったシートなので経年的にみる際は注意してください。

　また2016（平成28）年度のみ「市町村公会計指標分析／財政指標組合せ分析表」、「市町村施設類型別ストック情報分析表」が財政状況資料集の中にありました。ただ多くの自治体ではその公開が間に合わず「整備中・未整備」と書かれているだけで、利用できないシートになっていました。そのため、本書では「市町村公会計指標分析／財政指標組合せ分析表」、「市町村施設類型別ストック情報分析表」には触れず、2017

（平成29）年度の財政状況資料集に盛り込まれている**図表3-1**にある13シートを中心にみていくこととします。

2　財政状況資料集公開の意義

　国は2000（平成12）年に「地方分権の推進を図るための関係法律の整備等に関する法律」（地方分権一括法）を施行しました。この法律により国は、地方公共団体への機関委任事務を廃止し、表面上は国と地方公共団体は対等な関係となりました。さらに、国から県へ自身の市町村の財政状況を報告することを義務付け、自治体の財政マネジメント能力の向上を図ろうとしました。そこでこれまでの決算カードの他に、財政比較分析表（2004年度〜）、財政状況等一覧表（2005年度〜）、歳出比較分析表（2006年度〜）、健全化判断比率・資金不足比率カード（2007年度〜）を作成し、特別会計まで含めた収支状況や地方債の負担状況が管理され始めました。こうした財政資料を一つにまとめたものが財政状況資料集です。財政状況資料集は2010（平成22）年度分から公開しています。

　財政状況資料集によって、財政健全化比

図表3-1　財政状況資料集の構成

シート　1：総括表（市町村）
シート　2：(1) 普通会計の状況（市町村）
シート　3：(2) 各会計、関係団体の財政状況及び健全化判断比率（市町村）
シート　4：(3) 市町村財政比較分析表（普通会計決算）
シート　5：(4)-1 市町村経常経費分析表（普通会計決算）（経常収支比率の分析）
シート　6：(4)-2 市町村経常経費分析表（普通会計決算）（人件費・公債費・普通建設事業費の分析）
シート　7：(5) 市町村性質別歳出決算分析表（住民一人当たりのコスト）
シート　8：(6) 市町村目的別歳出決算分析表（住民一人当たりのコスト）
シート　9：(7) 実質収支比率等に係る経年分析（市町村）
シート10：(8) 連結実質赤字比率に係る赤字・黒字の構成分析（市町村）
シート11：(9) 実質公債費比率（分子）の構造（市町村）
シート12：(10) 将来負担比率（分子）の構造（市町村）
シート13：(11) 基金残高（東日本大震災分を含む）に係る経年分析（市町村）

出所：総務省「平成29年度財政状況資料集」より著者作成。

第3章　財政状況資料集を読み解く

図表3-2　早期健全化基準と財政再生基準

財政健全化判断比率	早期健全化基準	財政再生基準
実質赤字比率	道府県：3.75％（東京都は別途設定） 市区町村：標準財政規模に応じて11.25％～15％	都道府県：5％ 市区町村：標準財政規模に応じて20％
連結実質赤字比率	道府県：8.75％（東京都は別途設定） 市区町村：標準財政規模に応じて16.25％～20％	都道府県：15％ 市区町村：標準財政規模に応じて30％
実質公債費比率	都道府県・市区町村：25％	都道府県・市区町村：35％
将来負担比率	都道府県・政令市：400％ 市区町村：350％	－

注：都の実質赤字比率及び連結実質赤字比率に係る早期健全化基準は、道府県と市町村の両方の要素を有していることから別
　　途算出することとしている。
出所：総務省「早期健全化基準と財政再生基準」より筆者作成。

率の分析が可能になりました。決算カード
には、財政健全化比率の値が載っています
が、それだけでは分析できません。それは
財政健全化比率の理解のためには、その裏
側まで知る必要があるからです。

　財政健全化法が2007年6月に成立し、従
来の「財政再建促進特別法」（以下旧財政再
建法）が廃止されました。旧財政再建法は
財政破綻した自治体への財政コントロール
を目的としており、現在では全国で北海道
夕張市だけが適用されています。夕張市の
財政破綻の要因は二つ挙げることができま
す。一つは、一時借入金と出納整理期間を
利用した会計間操作です。もう一つは、エ
ネルギー転換への対応の失敗です。夕張市
は、明治時代以来日本で最高の良質な鉱脈
が市内にあり、鉱山企業の経済発展ととも
に、市内のインフラを整備していきました。
しかし、1960年政府の石炭から石油への転
換政策によって三池炭田をはじめ鉱山企業
の合理化や閉山へと追い込まれていきまし
た。夕張市もその余波を受け、1990（平成
2）年に「北炭夕張炭鉱」を最後に閉山とな
りました。鉱山企業によって支えられてき
た夕張市は、その支柱を失うとともに、石
炭産業に変わる観光振興も地域に根付くこ

となく失敗に終わりました。その結果、地
域は急激に衰退する一方で借金が膨れ上が
っていき、財政破綻しました。[*1]

　財政健全化法策定と同時並行で財政健全
化比率の4指標が作られました。4つの財
政健全化比率（実質赤字比率・連結実質赤
字比率、実質公債費比率、将来負担比率）
には、**図表3-2**の通り、早期健全化基準、
財政再生基準を設けています。

　早期健全化判断比率を超えた自治体は財
政健全化団体（イエローカード）となりま
す。財政健全化団体は、早期健全化基準以
上になった要因を分析し、早期健全化基準
未満にするための基本方針や方策と各年度
ごとの健全化判断比率の見通しを明記した
財政健全化計画を総務大臣・都道府県知事
に報告する必要があります。

　2008年度決算に基づく実質赤字比率と連
結赤字比率は夕張市を除いて2団体のみで
あり、実質公債費比率は20団体、将来負担
比率は3団体となっています。それが2009
年度決算になると、実質赤字比率及び連結
実質赤字比率は該当団体がなくなり、実質
公債費比率は12団体、将来負担比率は3団
体とわずか1年で縮減し、2013年度には実
質公債費比率、将来負担比率ともに該当団

23

体がなくなりました。一方で、財政再生段階（レッドカード）は、夕張市が旧財政再建法を受け継ぐのみで他の自治体に及ぶことは当面ないと考えられます。つまり、財政健全化の4指標をみるためには、早期健全化基準、財政再生基準はハードルが低すぎるため、これらの基準とわがまちの値を単に見比べるだけでは、財政健全化比率が持つ意味はわかりません。そのため、財政状況資料集を用いた分析が必要になります。

また、財政健全化比率の計算方法には、無理な画一性が持ち出され、矛盾に矛盾が重ね合っていくことになりました。それは、2007年の実質公債費比率の算定方法の改定に現れています。現在の実質公債費比率の計算方法は、以下の通りです。

実質公債費比率＝〔（地方債の元利償還金＋準元利償還金）－（特定財源＋元利償還金・準元利償還金に係る基準財政需要額算入額）〕／〔（標準財政規模－元利償還金・準元利償還金に係る基準財政需要額算入額）〕×100
※詳細は35ページ以降で解説します。

計算式をみると特定財源の額が多ければ多いほど、分子の額が減り、実質公債費比率が下がることがわかります。2006年の実質公債費比率の計算では、この特定財源に都市計画税を入れていませんでした。その結果、実質公債費比率が現在よりも高く出ていました。そうすると、都道府県はもちろんのこと政令都市をはじめ中核都市など大都市では特に実質公債費率が統一基準を突破し、早期健全化段階はおろか財政再生段階まで相当する団体が続出してしまいました。これに対し、都道府県や大都市から批難が続出し、もしこのまま推進するのであれば、都道府県並びに大都市は財政健全化法に協力しないとの情報も流されました。

その結果、行政的裁量が働き、実質公債費比率の計算において、都市計画税が控除されることとなったのです。しかし都市計画税は徴収する自治体、しない自治体とにばらつきがあります。そのため、実質公債費比率には、全国の地方公共団体が共通して使う指標として矛盾を抱えた指標となりました。

このように、財政健全化比率の背景には、低すぎるハードルと行政的裁量による矛盾があります。これが、財政健全化比率をより一層分からなくしているのです。[*2]

2　財政状況資料集の読み解き方のポイント

では、財政状況資料集を実際に使用しながら、それをみる時のポイントを解説していきます。

1　「総括表（市町村）」から知るわがまちの会計の種類

財政状況資料集シート1の「総括表」は、財政状況資料集の表紙にあたる部分ですが、この「総括表」には大事な財政情報が集約されています。この総括表において重要な点は4点あります。まず**図表3－3**の①の部分をみてください。ここには、市町村名、人口、面積、産業構造などその市町村の基本情報を記述しています。財政に入る前にわがまちの統計的な情報をつかんでいてください。また、ここには市町村類型と地方交付税種地が書かれています。市町村類型は類似団体比較カードの解説で説明しましたが、総務省は市町村を人口規模、産業構造でグループ分けしています。わがまちがどのグループに所属するのかがここに書か

れています。地方交付税種地は、市町村の都市化の程度によって分けた、基準財政需要額算定における普通様態補正に用いる地域区分を指します。まず、全国の中核的な都市として「Ⅰ」、中核的都市の周辺の都市地域を「Ⅱ」と分け、それぞれ人口や産業構造、宅地平均価格等で10区分します。財政分析ではあまり使いませんので、そういう区分もあるんだなという程度で留めておいてください。

　次に、**図表3-3**の②の部分をみてください。この部分には、自治体の普通会計の収支状況と債務・積立金の状況を載せています。決算カードでいうと右側の部分です。なかでも特に押さえて欲しいことは、自治体の会計の収支の見方が4つあるということです。1点目が、形式収支です。これは単純に歳入総額から歳出総額を引いた歳入歳出差引を指します。2点目が、実質収支です。これは、形式収支から翌年度に繰越すべき財源を引いた値を指します。3点目が、単年度収支です。単年度収支は、今年度の実質収支額から昨年度の実質収支額を引いた値を指します。これを単純にいうと、今年度の普通会計において増やした（減らした）黒字額を指します。ただ、普通会計では基金取崩しや基金の積立、繰上償還といったやりくりをして運営をしており、それぞれが歳入・歳出の中に入ってしまっています。[*3] 例えば、基金の取崩を1000万円したとしたら、歳入のなかに1000万円計上されます。しかし、実際に行なっているのは資金の移動であってお金が1000万円分増えたわけではありません。逆もそうです。基金にお金を1000万円入れたら歳出に1000万円計上されます。しかし実際には自治体が持っていたお金そのものは減るわけ

ではありません。そうしたやり取りを勘案して、その年度の普通会計において、どれだけお金を増やしたのか減らしたのか、その額が実質単年度収支になります。もう一つ押さえて欲しいことが形式収支と実質収支はこれまで続いてきた財政運営の到達点としての収支状況を示し、単年度収支、実質単年度収支はこの一年間での収支状況を示しています。そのため、形式収支と実質収支が赤字になることはほぼないです。これらが赤字になる場合は、基金にお金が全くないということになります。一方で、単年度収支、実質単年度収支はこの一年間で区切っているので赤字になることはよくあることです。ただし、3年続けて赤字であれば、その要因を議会の議事録等で確認する必要があります。

　その下には、普通会計の将来負担の状況が記載しています。その一つが地方債現在高です。地方債とは簡単にいうと自治体の借金です。自治体が行う建設事業や再開発事業等の大型事業に係る費用は、基本的に起債しそれを充てます。もう一つが債務負担行為額です。これは、単純にいうと分割払いをした時の支払い残高を指します。例えば、大型開発事業で、5年間に渡る工事契約を建設会社と締結し、そこでは1年目○○万円、2年目○○万円、…5年目○○万円を負担することになっていたとします。その時、予め2年目以降の債務を約束することを予算で決定しておく必要があります。それを債務負担行為といいます。

　③の部分には財政指標が載っています。その上半分は財政指標を掲載し、下半分は財政指標のなかでも健全化判断比率と資金不足比率を掲載しています。実質収支比率、経常収支比率、健全化判断比率は財政状況

25

図表 3-3 財政状況資料集シート 1「総括表」（東村山市）

平成29年度

総括表 （市町村）

都道府県名		東京都	市町村類型		Ⅲ－3
市町村名		東村山市	地方交付税種地		2-9

人口	27年国調（人）	149,956	産業構造（※5）
	22年国調（人）	153,557	
	増減率 （%）	-2.3	

区分	27年国調	22年国調
第1次	569	563
	0.9	1.0
第2次	11,295	10,998
	18.4	18.7
第3次	49,533	47,342
	80.7	80.4

住民基本台帳人口（※7）	30.01.01（人） ①	151,018
	うち日本人（人）	148,254
	29.01.01（人）	150,739
	うち日本人（人）	148,215
	増減率 （%）	0.2
	うち日本人（%）	0.0
面積 （km²）		17.14
人口密度 （人/km²）		8,749
世帯数 （世帯）		64,604

指定団体等の指定状況

財政健全化等	×
財源超過	×
首都	○
近畿	×
中部	×
過疎	×
山振	×
低開発	×
指数表選定	○

職員の状況 （※8）

特別職等	区分	定数	1人あたり平均給料月額（百円）	一般職員等（※6）	区分	職員数（人）	給料月額（百円）	1人あたり平均給料月額（百円）
	市区町村長	1	9,430		一般職員	741	2,321,553	3,133
	副市区町村長	1	8,010		うち消防職員	-	-	-
	教育長	1	7,400		うち技能労務職員	42	143,514	3,417
	議会議長	1	5,580		教育公務員	2	*	*
	議会副議長	1	5,060		臨時職員			
	議会議員	23	4,850		合計	743	2,331,123	3,137
					ラスパイレス指数			101.0

一般会計等の一覧
項番　　会計名

(1) 一般会計

事業会計の一覧
項番　　　　　　会計名

(2) 国民健康保険事業特別会計

(3) 介護保険事業特別会計

(4) 後期高齢者医療特別会計

公営企業（法適）の一覧
項番　　　　　　会計名

注釈：※1：経常収支比率の（　）内の数値は、「減収補塡債（特例分）」及び「臨時財政対策債」を除いて算出
　　　※2：各会計の一覧は主な会計（10会計まで）を記載している。
　　　※3：地方公共団体が損失補塡等を行っている出資法人で、健全化法の算出対象となっている団体につい
　　　※4：資金不足比率欄には、資金が不足している会計のみ記載している。
　　　※5：産業構造の比率は、分母を就業人口総数とし、分類不能の産業を除いて算出。
　　　※6：個人情報保護の観点から、対象となる職員数が1人又は2人の場合、「給料月額（百円）」と「一人
　　　※7：人口については、調査年度の1月1日現在の住民基本台帳に登載されている人口に基づいている。
　　　※8：職員の状況については、地方公務員給与実態調査に基づくものであるが、当該資料作成時点（平成

第3章　財政状況資料集を読み解く

財政状況資料集

区分	平成29年度（千円）	平成28年度（千円）		区分	平成29年度（千円・％）	平成28年度（千円・％）
歳入総額	54,757,988	54,382,759		実質収支比率	5.5	4.6
歳出総額	52,621,926	52,874,825		経常収支比率	91.7	93.8
歳入歳出差引	2,136,062	1,507,934		（※1）	（99.0）	（100.5）
翌年度に繰越すべき財源	556,489	190,839		標準財政規模	28,705,473	28,634,690
実質収支	1,579,573	1,317,095		財政力指数	0.82	0.82
単年度収支	262,478	-242,189		公債費負担比率	12.3	12.7
積立金	80	184		健全化判断比率		
繰上償還金	0	0		実質赤字比率	-	
積立金取崩し額	295,973	789,716		連結実質赤字比率	-	
実質単年度収支	-33,415	-1,031,721		実質公債費比率	4.9	5.3
				将来負担比率	6.0	9.5
基準財政収入額	17,703,042	17,910,975		資金不足比率（※4）		
基準財政需要額	21,697,295	21,850,027				
標準税収入額等	22,564,909	22,806,183				
経常経費充当一般財源等	26,822,031	26,615,652				
歳入一般財源等	33,256,465	32,506,678				
地方債現在高	41,140,730	41,460,506				
うち公的資金	30,182,124	29,325,214				
債務負担行為額（支出予定額）	3,138,420	2,553,385				
収益事業収入	42,000	30,000				
土地開発基金現在高	-	-				
積立金現在高　財政調整基金	4,216,663	3,722,556				
減債基金	18,296	18,295				
その他特定目的基金	5,563,771	5,755,094				

②　③

公営企業（法非適）の一覧
項番	会計名
（5）	下水道事業特別会計

関係する一部事務組合等一覧
項番	組合等名
（6）	東京たま広域資源循環組合
（7）	東京市町村総合事務組合
（8）	東京市町村総合事務組合（交通災害共済事業特別会計）
（9）	多摩六都科学館組合
（10）	東京都十一市競輪事業組合
（11）	東京都四市競艇事業組合
（12）	昭和病院企業団
（13）	東京都後期高齢者医療広域連合（一般会計）
（14）	東京都後期高齢者医療広域連合（後期高齢者医療特別会計）

地方公社・第三セクター等一覧
項番	団体名	（※3）
（15）	東村山市土地開発公社	○
（16）	東村山市勤労者福祉サービスセンター	
（17）	東村山市体育協会	

④

したものである。

ては、「地方公社・第三セクター等」の団体名に○印を付与している。

当たり給料月額（百円）」を「アスタリスク（＊）」としている。（その他、数値のない欄については、すべてハイフン（－）としている）。

31年1月末時点）において平成30年調査結果が未公表であるため、前年度の数値を引用している。

資料集の後のシートで詳細に解説をしているのでそこで確認してください。財政力指数は基準財政収入額を基準財政需要額で割った値です。決算カードや財政状況資料集ではその３カ年平均が載っていますので注意してください。また、公債費負担比率は、公債費充当一般財源等（地方債の元利償還金等の公債費に充当された一般財源等）の一般財源総額に対する割合を示す指標です。この指標は、公債費がどれだけ一般財源の用途を制限しているのかを表す、財政構造の弾力性を判断する指標になっています。健全化判断比率でも公債費を扱いますが、この公債費負担比率は、公債費に関する指標の最も基本的な指標であるということを押さえておいてください。

　そして、最後に④の部分をみてください。ここが「総括表」で一番大事な部分です。ここには自治体の会計区分を記述しています。市町村の会計の分け方は、２種類あります。一つは「一般会計」と「特別会計」という分け方、もう一つが「普通会計」と「公営事業会計」という分け方です。通常の議会では、「一般会計」と事業ごとに立てられた「特別会計」という分け方で議論されているかと思います。しかし、「一般会計」に入っている経費は自治体によってまちまちです。例えば、土地取得に関する事業は、自治体によって一般会計に盛り込んでいたり、土地取得特別会計として一般会計とは別にしている自治体もあります。このように一般会計に含まれる経費が自治体ごとで異なるため、各自治体の一般会計を見比べても比較することは難しいです。そこで全国共通の「普通会計」と「公営事業会計」という分け方が作られました。「普通会計」が一番主な会計であり、「一般会計」と重な

る部分が大きいです。そのため、「普通会計」は「一般会計等」とも呼びます。「公営事業会計」は、「公営企業会計」と「公営企業会計の公営事業会計」に分けることができます。また、「公営企業会計」は、地方公営企業法を適用するかどうかで、「公営企業会計（法適用）」、「公営企業会計（法非適用）」と分かれます。現在の各地の状況をみると「公営企業会計（法非適用）」から「公営企業会計（法適用）」に移している自治体が多くあります。例えば、下水道事業は、資産の規模も大きく、私たち住民生活に欠かせないライフラインであることをふまえ、効率的かつ持続的な事業運営を図ることを狙いに、2015（平成27）年に総務省は「公営企業会計の適用の推進について（総財公第18号）」を公示しました。ここでは、人口３万人以上の市町村における下水道事業及び簡易水道事業は重点的に「地方公営企業法」の全部適用又は一部適用に取り組むことを求めています。これに基づき、下水道事業を、法非適用から法適用に移行している自治体もあります。

　このように自治体の会計は大まかに、「普通会計（一般会計等）」、「公営企業会計（法適用）」、「公営企業会計（法非適用）」、「公営企業会計以外の公営事業会計」の４種類に分けることができます。では自治体がもつ一般会計、特別会計はどこに分類されるのでしょうか。それを表している部分が④になります。左から一般会計等一覧、事業会計の一覧、公営企業（法適）の一覧、公営企業（法非適）の一覧と並びます。ここにある事業会計の一覧というのが上でいう「公営企業会計以外の公営事業会計」を指します。この他にも自治体は一部事務組合に所属していたり、地方公社・第三セクター

の負担をしている場合があります。これら
についてもそれぞれ会計があります。わが
まちがどの組合に所属しているのかを「関
係する一部事務組合等一覧」、どの地方公
社・第三セクターの負担をしているのかを
「地方公社・第三セクター等一覧」から確認
をしてみてください。

　健全化判断比率との関わりでいうと、「一
般会計等」までが実質赤字比率の範囲、そ
れに「公営企業会計（法適用）」、「公営企
業会計（法非適用）」、「公営企業会計以外
の公営事業会計」を加えた範囲が連結実質
赤字比率、実質公債費比率、そしてそれら
に「関係する一部事務組合等一覧」、「地方
公社・第三セクター等一覧」を加えた範囲
が将来負担比率の範囲になります。

2 「(1)普通会計の状況（市町村）」から知る財政の大枠

　財政状況資料集のシート2「(1) 普通会
計の状況」には、自治体の歳入と歳出の内
訳を詳細に記載しており、**図表3-4**の通り、
4つに分けることができます。②は私たち
が納めている地方税の内訳を記載していま
す。地方税は、大きく分けて、その用途を
自治体の裁量で決めることができる普通税
と用途が決められている目的税の二つに分
けられます。普通税は、市町村民税、固定
資産税、軽自動車税、市町村たばこ税の4
つで構成しています。一方で目的税は、温
泉地などで徴収する入湯や多くの自治体
で徴収している都市計画税があたります。

　都市計画税とは、都市計画事業または土
地区画整理事業に要する費用に充てる目的
税であり、都市計画法による都市計画区域
のうち、原則として市街化区域内に所在す
る土地および家屋が課税の対象になります。

図表3-4の東京都東村山市では、普通税
総額は法定普通税の約192億円、目的税は
「都市計画税」のみなので総額約17億円と
なり、地方税の総額が約209億円になりま
す。

　①は、自治体に入ってくる歳入の内訳を
載せています。①をみるポイントは、まず、
「四大財源」と呼ばれる「地方税」「地方交
付税」「国庫支出金」「地方債」を確認する
ことです[*4]。地方税は、自治体の裁量で徴収
する最も大事な財源です。地方交付税は、
国から市町村に交付する財源で、用途が制
限されない一般財源に分類されます。「国庫
支出金」は、国が用途を指定して自治体に
補助する支出金を指し、「国庫負担金」「国
庫補助金」「国庫委託金」の総称です。「国
庫負担金」は、法律に基づいて国と地方自
治体が負担し合うために交付される財源で
す。例えば、生活保護法に基づく国庫負担
金があります。「国庫補助金」は、国が定め
た特定の事業を奨励するために国から地方
自治体に交付される財源です。「国庫委託
金」は、国からの委託を受けて行う事業に
対し交付される財源です[*5]。例えば、衆・参
議院選挙にかかる費用や国勢調査にかかる
費用がそれにあたります。「地方債」は、そ
の年度に起債した借金を指します。地方債
について注意しなくてはならないのは、基
本的に地方債は、自治体のお金が不足して
いるから借金をするのではないということ
です。例えば、施設を建てる際、多額な財
源が必要となります。この財源を一年間で
準備し支払ったとすると、支払い後に移り
住んだ人たちからしたら負担せずにその施
設を利用することになります。それでは不
平等になってしまいます。そこであえて、
起債をし、何年間かかけてその借金を返す

図表 3-4　財政状況資料集シート 2「(1)普通会計の状況（市町村）」

(1) 普通会計の状況（市町村）

歳入の状況（単位 千円・%）

区分	決算額	構成比	経常一般財源等	構成比
地方税	20,926,202	38.2	19,186,676	70.8
地方譲与税	228,143	0.4	228,143	0.8
利子割交付金	40,234	0.1	40,234	0.1
配当割交付金	165,288	0.3	165,288	0.6
株式等譲渡所得割交付金	164,802	0.3	164,802	0.6
分離課税所得割交付金	-	-	-	-
道府県民税所得割臨時交付金	-	-	-	-
地方消費税交付金	2,944,287	5.4	2,944,287	10.9
ゴルフ場利用税交付金	-	-	-	-
特別地方消費税交付金	-	-	-	-
自動車取得税交付金	130,791	0.2	130,791	0.5
軽油引取税交付金	-	-	-	-
地方特例交付金	114,004	0.2	114,004	0.4
地方交付税	4,103,675	7.5	3,977,136	14.7
普通交付税	3,977,136	7.3	3,977,136	14.7
特別交付税	126,338	0.2	-	-
震災復興特別交付税	201	0.0	-	-
（一般財源計）	28,817,426	52.6	26,951,361	99.5
交通安全対策特別交付金	14,440	0.0	14,440	0.1
分担金・負担金	352,470	0.6	-	-
使用料	686,974	1.3	101,905	0.4
手数料	555,775	1.0	-	-
国庫支出金	10,222,850	18.7	-	-
国有提供交付金(特別区財調交付金)	-	-	-	-
都道府県支出金	8,204,694	15.0	-	-
財産収入	85,874	0.2	2,045	0.0
寄附金	19,117	0.0	-	-
繰入金	1,207,400	2.2	-	-
繰越金	717,934	1.3	-	-
諸収入	444,206	0.8	13,772	0.0
地方債	3,428,828	6.3	-	-
うち減収補填債(特例分)	-	-	-	-
うち臨時財政対策債	2,163,428	4.0	-	-
歳入合計	54,757,988	100.0	27,083,523	100.0

①

地方税の状況（単位 千円・%）

区分	収入済額	構成比	超過課税分
普通税	19,186,676	91.7	111,874
法定普通税	19,186,676	91.7	111,874
市町村民税	10,406,069	49.7	111,874
個人均等割	253,239	1.2	
所得割	9,070,760	43.3	
法人均等割	290,796	1.4	
法人税割	791,274	3.8	111,874
固定資産税	7,968,254	38.1	
うち純固定資産税	7,220,057	34.5	
軽自動車税	129,979	0.6	
市町村たばこ税	682,374	3.3	
鉱産税	-	-	
特別土地保有税	-	-	
法定外普通税	-	-	
目的税	1,739,526	8.3	
法定目的税	1,739,526	8.3	
入湯税	-	-	
事業所税	-	-	
都市計画税	1,739,526	8.3	
水利地益税等	-	-	
法定外目的税	-	-	
旧法による税	-	-	
合計	20,926,202	100.0	111,874

②

区分		平成29年度		平成28年度	
徴収率 (%)		現年	計	現年	計
	合計	99.2	97.7	99.0	97.1
	市町村民税	99.0	96.7	98.6	95.8
	純固定資産税	99.4	98.2	98.6	98.1

公営事業等への繰出		国民健康保険事業会計の状況	
合計	7,128,629	実質収支	481,887
下水道	1,010,567	再差引収支	-1,016,429
病院	246,307	加入世帯数(世帯)	22,594
上水道	20,324	被保険者数(人)	34,687
工業用水道	-	被保険者1人当り　保険税(料)収入額	89
国民健康保険	2,175,578	国庫支出金	103
その他	3,675,853	保険給付費	301

注釈：普通建設事業費の補助事業費には受託事業費のうちの補助事業費を含み、単独事業費には同級他団体施行事業負担金及び受託事業費のうちの単独事業費を含む。

ような財政支出することで後年も平等に負担することができます。ただし、例外的に、財源不足のために起債する臨時財政対策債の制度が2001（平成13）年から始まりました[*6]。

　次にみて欲しいのが、経常一般財源等の額です。歳入総額は、自治体の裁量で使うことのできる一般財源等と目的が決められている特定財源とに分かれます。一般財源等の主なものが地方税や地方交付税で、特定財源の主なものが地方債や国庫支出金、都道府県支出金です。一般財源等は、「経常一般財源等」と「臨時一般財源等」とに分かれます。財政計画を立てる際には、予め入ってくることが想定でき、自治体の裁量で使える経常一般財源等の額が大切になります。なかでも経常一般財源等の多くを占めるのが地方税になります。そのため、持続可能な財政運営をしていくためには地方

税収入を安定的に確保することがとても大切になります。

　財政状況資料集には、決算カード同様に、「決算額」のとなりに「経常一般財源等」を記載しています。東村山市では2017（平成29）年度において経常一般財源等は約271億円になります。このことから東村山市では歳入総額の約50%を経常一般財源等が占め、残りの約50%は特定財源や臨時一般財源等が占めていることが分かります[*7]。

　次に図表3-4の③と④をみてみましょう。ここには自治体がどのような分野にお金を支払ったのか、歳出について記載しています。③の部分には、自治体の仕事の分野に即して歳出を区分した目的別歳出について書かれています。自治体財政が住民の要求に即したものになっているかどうかを判断するためには、この目的別歳出の分析が必要になります。目的別歳出は、民生費、

| 平成29年度 | 東京都東村山市 |

歳出の状況（単位 千円・%）

目的別歳出の状況（単位 千円・%）

区分	決算額（A）	構成比	(A)のうち普通建設事業費	(A)のうち充当一般財源等
議会費	353,202	0.7		352,907
総務費	4,693,721	8.9	655,967	3,621,280
民生費	28,805,863	54.7	165,689	13,222,784
衛生費	3,479,616	6.6	139,064	2,517,555
労働費	409,636	0.8		317,990
農林水産業費	126,367	0.2		79,597
商工費	122,699	0.2	③ 738	91,433
土木費	4,224,793	8.0	2,173,222	2,209,628
消防費	1,720,760	3.3	4,752	684,859
教育費	4,577,535	8.7	385,441	3,947,856
災害復旧費	–	–	–	–
公債費	4,107,734	7.8	–	4,074,514
諸支出金	–	–		
前年度繰上充用金	–	–		
歳出合計	52,621,926	100.0	3,524,873	31,120,403

性質別歳出の状況（単位 千円・%）

区分	決算額	構成比	充当一般財源等	経常経費充当一般財源等	経常収支比率
義務的経費計	29,115,220	55.3	15,334,276	15,255,354	52.2
人件費	7,691,434	14.6	6,809,389	6,731,247	23.0
うち職員給	4,969,364	9.4	4,311,198		
扶助費	17,316,052	32.9	4,450,373	4,449,593	15.2
公債費	4,107,734	7.8	4,074,514	4,074,514	13.9
内訳 元利償還金	4,106,117	7.8	4,072,897	4,072,897	13.9
うち元金	3,748,604	7.1	3,716,516	3,716,516	12.7
うち利子	357,513	0.7	356,381	356,381	1.2
一時借入金利子	1,617	0.0	1,617	1,617	0.0
その他の経費	19,981,833	38.0	15,099,709	11,566,677	39.5
物件費	7,163,366	13.6	5,370,527	4,419,203	15.1
維持補修費	134,846	0.3	127,417	126,792	0.4
補助費等	5,330,360	10.1	2,966,260	2,381,837	8.1
うち一部事務組合負担金	453,901	0.9	④ 420,165	384,429	1.3
繰出金	6,861,998	13.0	6,160,303	4,638,845	15.9
積立金	476,263	0.9	460,202	–	–
投資・出資金・貸付金	15,000	0.0	15,000		
前年度繰上充用金	–	–			
投資的経費計	3,524,873	6.7	686,418		
うち人件費	70,478	0.1	70,478		
普通建設事業費	3,524,873	6.7	686,418		
内訳 うち補助	844,871	1.6	70,399		
うち単独	2,002,408	3.8	598,225		
災害復旧事業費	–	–			
失業対策事業費	–	–			
歳出合計	52,621,926	100.0	31,120,403		

土木費、教育費、総務費が比較的高い割合を占めている場合が多いです。歳出に占める割合が大きい科目は民生費だと思います。民生費は福祉に関する支出です。近年の伸びは福祉に関するさまざまな施策が充実してきていることの現れとも考えられますが、なによりも福祉に関する手当、つまり性質別歳出でいうところの扶助費が増えてきていることにあります。例えば、生活保護に関わる給付金や児童手当は性質別歳出でみると扶助費に分類されますが、目的別歳出でみると民生費に分類されます。これらの給付金や手当が充実したり、対象者が増加することで扶助費とともに民生費が増えているのです。そのため扶助費と同様に民生費も充当特定財源の額が特に増えています。また、民生費は、児童福祉費、老人福祉費、生活保護費、社会福祉費に分かれます。民生費に問題意識がある方は、決算統計から児童福祉費、老人福祉費、生活保護費、社会福祉費のどの区分の割合が大きいのか、経年的にみた時、具体的にどの区分で金額の伸びが大きいのかを調べてみると良いでしょう。

次に大きいのが土木費です。土木費は道路や橋、河川等の整備や下水道会計への繰出金に関わる費目です。各公共施設の建設費は施設の性格によって民生費や衛生費等に分類され、土木費には入ってこないことに注意してください。土木費は全国的に減少傾向にあります。[*8]

教育費をみてみましょう。教育は主に学校教育と社会教育に分けられます。学校教育についてみてみると、学校運営に関わる

光熱水費や英語等の非常勤講師、特別支援教育支援員、学校図書館司書賃金、学校給食調理従事員、さらに小規模校における加配教員が市町村負担になりますが、学校の教職員の人件費は都道府県負担になります。近年の「公立小学校・中学校の適正規模・適正配置等に関する手引」や「公共施設再編計画」の策定のなかで学校統廃合が一つの争点になっています。地域で学校の今後を議論していくためにも、これまで学校運営にどれだけのお金をかけてきたかを把握することは必要不可欠です。可能であれば、学校教育費に関して性質別歳出とクロスさせた表を作成してどの経費（人件費や物件費、補助費等）に使ってきたのかを確認してみてください。

　また、学校統廃合と並びこれまで学校給食を直営・自校方式にするか、センター方式にするか議論されてきました。学校給食法で給食にかかる給食賄材料費は保護者負担となっていますが、それ以外の調理師給与や調理室運営費、食育推進費等学校給食に関わる費用は基本的に市町村負担となっています。そのため、学校給食のあり方は、市町村が置かれている財政状況や施策方針に直接的に左右されます。学校給食実施状況等調査の10年間の推移をみると、自校方式の学校は43.8％（2006年度）から41.6％（2016年度）と減ってきています。また、学校給食におけるPFI手法の導入、調理業務の民間委託の割合は21.3％（2006年度）から46.0％（2016年度）へと大幅に増加してきています。これからは学校給食は民間委託することがスタンダードになっていきそうな勢いです。一方で、自校方式にこだわり、あえてセンター方式から自校方式へ切り替えていく自治体が出てきています。

　さらに、岩手県遠野市総合食育センターぱすぽるといった、少子化による児童生徒の減少を見越して、高齢者の食支援や地域の食育の拠点などの付加機能を付けた学校給食センターの整備も行われ、多様な学校給食の調理室のあり方が生まれてきています。大事なことは、自校方式ありき、センター方式ありきで議論を進めるのではなく、目指すべき地域像にそった柔軟な選択や財政を含めた多角的な視点から検討が必要だということです。

　住民の学習権を保障する社会教育の推進も市町村の大事な仕事の一つです。しかし現在の「効率化」「合理化」のなかで公民館の再編が進められつつあります。公民館数はここ10年で1万7143館（2005年）から1万4171館（2015年）と年々減ってきており、今後は公民館が老朽化していくなかで公共施設等総合管理計画のもと公民館のさらなる統廃合や他施設との複合化が想定されます。一方で、コミュニティ・スクール設置の努力義務化に伴い、社会教育の仕事として「学校との連携」が明確に位置付けられました。多くの自治体で社会教育に関する支出は年々減ってきていますが、現在求められる学校を核とした地域づくりや子どもから大人までの学びの保障のために、社会教育の持つ役割は大きくなっています。

　総務費にも注意が必要です。人事、企画、財政、戸籍、統計に関する分野にかかる費用がここに分類されます。他にも庁舎の建設や財政調整基金への積立金もここに分類されます。総務費は目的別歳出のなかでもカバーする分野が多岐に渡ります。そのため、決算書からより細かくみたり、性質別歳出とのクロス表を作成し、具体的にどういった経費で総務費が構成されているのか

確認が必要です。例えば、投資的経費と合わせて総務費が増えているならば庁舎やコミュニティ・センターの建替をしたということになります。積立金が増えているならば、財政調整基金の残高を増やしているということになります。近年どの自治体も施設更新や災害、不安定な経済状況に対する備えとして財政調整基金を貯める傾向にあり、そういった自治体は総務費が増えてきています。一方で総務費のなかの人件費が減ってきていることは注意する必要があります。総務費の人件費のなかには、統計をとる職員や総合計画を立案する職員の給与が含まれます。そのため、ここが減ることになると統計を取ったり、計画立案する職員が減っているということになります。財政を含めて、自分たちのまちの状況を調べる統計はまちの将来を考える上での根幹になりますし、計画を立案する担い手が減ってくるとよい計画も立てられません。現在の国は、補助を出すから自分たちで計画を立てろという方針で地域政策を進めているように思えます。地方創生もそうですし公共施設再編もそうです。本当はそうした計画をいちいち立てる必要はないのですが、立てないと補助金がもらえないので立てざるを得ない雰囲気はあります。ただせっかく立てるのであれば、自治体がより良いまちを具体的に目指していけるような計画を立案するべきですし、そのためにはまちのことを調べる統計とその担い手が必要不可欠です。そうしたことができない自治体ですと計画策定を外部に委託せざるを得なくなり、それでそのまちにあった計画が立てられるのか疑問です。

例えば、東京都武蔵野市の長期総合計画における財政の記述は高く評価することができます。「武蔵野市第五期長期計画」では、まず日本経済や世界経済の状況をつかんだ上で、武蔵野市の財政状況と課題が載っています。それはこれまでの財政運営の経年分析に基づき、今後の財政の見通しがある程度のページ数を割いて書かれています。[*9]

一方でよくあるのが、健全化比率等の財政指標について国が示している判断基準に沿って財政目標が書かれているケースです。国が一律に示しているのでその基準が自治体の特徴に合っていなかったり、並みの財政運営をしていれば達成する目標になっていたりします。それではまちの将来は描けません。特に長期総合計画はまちづくりの幹にあたる重要な部分ですので、しっかりと職員を確保し良い計画を立てなくてはなりません。

他にも、衛生費はゴミ処理や保健に関わる経費です。衛生費にはさらに水道事業会計、病院事業会計への繰出金も含まれます。そのため、病院事業会計の有無によって自治体に差がありますので他自治体と比較するときには注意してください。

また、決算カードと同様に、決算額のほか充当一般財源の額が載っています。一般財源は自治体の裁量で用途を決められる財源ですので、これをどこに充てたのかをみることで自治体の特徴がより鮮明にみえてきます。決算額と同様に重要なのでその額や総額に対する割合も確認してください。

④の部分は、自治体歳出を経費ごとに区分した性質別歳出を記載しています。自治体の財政運営の持続可能性を判断するためには、この性質別歳出の分析が必要になります。まずは人件費からみていきます。これまで人件費を下げていく政策が取られてきましたが、現在ではそれが下げ止まりし

ている印象があります。ただ、仮に類似団体と比較して、著しく少ない場合は職員の勤務状況や働き方を確認したり、そうした傾向はいつから起きているのかを確認する必要があります。一方で人件費の額が著しく多い場合、どうして多くなっているのか背景を探ってみたり、大抵の場合削減する方針を立てているかと思いますので、その計画を確認してみてください。人件費は50ページからの財政状況資料集シート6「(4)-2市町村経常分析表」で改めて確認します。

次に扶助費です。扶助費は特に都市部でここ30年で大きくその額を伸ばしてきました。社会保障制度の一環として現金等を支給する費用がこれにあたります。扶助費は、乳幼児医療の公費負担等の独自政策の支出もありますが、その多くは生活保護法、児童福祉法などの福祉に関する法律に基づき支出されます。そのため、国や都道府県との関わりも大きく、扶助費の多くは特定財源が充てられています。財政状況資料集のシート7の「(5)市町村性質別歳出決算分析表(住民一人当たりのコスト)」では決算額を用いた経年グラフが載っています。合わせて、充当一般財源額でも調べてみるとより理解が進むと思います。

公債費は借金を返すお金です。公債費のほとんどは一般財源が充てられます。そのため公債費が多いほど、財政が硬直化するといわれます。全国的にみると起債が伴う投資的経費が減ってきているため、公債費も減少傾向です。これは、各自治体が将来のことを考え起債を抑えてることが反映されていると考えられます。

次に物件費をみます。非正規職員の「賃金」や指定管理者への委託料が、ここに分類されます。一般的に職員を減らし、その

分臨時職員や指定管理者制度の導入を進めているケースが多いので、人件費が少ない自治体はその分物件費(の大半を占める委託料)が多くなっている傾向があります。また、施設数が多い自治体は、さらに指定管理者に多く委託しているために物件費が高くなっています。非正規職員数はここ10年間で約2倍に増えており、全職員のうち約2割が非正規職員が占めています。

公共施設総合管理計画策定等で今後公共施設のあり方が問われていることは確かです。また、「効率的」な施設運営のため、指定管理者制度の導入が進んでいくことが想定されます。そこで確認して欲しいことは、やむなく指定管理せざるを得ない時の委託先です。地域活性化のためには、地域のなかで経済を回すことがとても大切になります。しかし、地域外の団体に委託する場合、委託料が地域外に出てしまうことになります。

似たような話が地方創生政策の中でもありました。地方創生政策の一環で地方版総合戦略をほぼ全ての自治体で作成されました。多くの自治体が作成するように、国は1000万円の計画策定費の補助をしました。ただ作成期限が非常に短く、自治体職員だけで作成することは難しかったため、外部に委託した自治体が多く発生してしまいました。そのため、内容はほぼ同じで固有名詞だけが異なる総合戦略が各地で作られる結果となりました。問題はそれだけではありません。計画策定を引き受けた企業の約半数が東京の企業でした。結局、地方創生の名目のもと地域にお金が落ちるのではなく東京の企業が儲かる結果となってしまいました。物件費だけではなくこれからの公共施設のあり方も考えていくために是非、

委託先について確認してみると良いかと思います。

次にみて欲しいのは、繰出金と補助費等です。補助費等には各団体への補助金のほかに公営企業会計における法適用事業会計への繰出金が含まれます。繰出金はそれ以外の公営事業会計への繰出金が含まれます。同じ事業でもある自治体では法適用事業会計にしていたり、ある自治体では法非適用事業会計にしているので、繰出金や補助費等をみる際には、改めて財政状況資料集のシート1に戻り特別会計がどこに区分されているのかを確認してみてください。また繰出金や補助費等を分析する際には、具体的にどの特別会計への繰出が経年的に多いのかを把握する必要があります。その時はシート3の「(2) 各会計、関係団体の財政状況及び健全化判断比率」をみてみてください。そこに各会計ごとの繰入金（普通会計からみたら繰出金もしくは補助費等）が載っています。このシートにあるのは単年度ですが複数年の財政状況資料集を集め、経年的にみていくことをお勧めします。

近年ではその額が下がってきていますが投資的経費にも着目する必要があります。経年的にみた際投資的経費が多い年度があれば、その年の財政状況資料集や決算カードの目的別歳出の欄にある普通建設事業費の内訳をみてどの分野の施設建設にお金がかかったのかを確認してみてください。また多くの場合、普通建設事業にかかる投資的経費は地方債が充てられます。そのため後年に公債費の割合が高くなります。そういった地方債、投資的経費、公債費の関係性も捉えてみると良いかと思います。

あまり額が多くない維持補修費もこれからの公共施設をできるだけ長く使う時代に

おいて注視すべき科目です。また、もし前年度繰上充用金が計上されていたら注意が必要です。予期せぬことでその年度に入る予定であった歳入を確保できず、会計年度が経過した後に歳入が不足するときは、翌年度の歳入でその不足分を補てんすることとなっています。この補てんが前年度繰上充用金となります。これが計上されるということは自治体のやりくりが全くうまくいっていないことになります。

④の部分には目的別歳出同様に決算額、充当一般財源等の額を載せていますが、そのほかに経常経費充当一般財源等の額が載っています。これは各項目のうち経常経費に充てられた一般財源等の額を示しており、経常収支率の分子になる値です。細かいことはシート5の「経常経費分析表」（46ページ）で説明します。

3 「(2) 各会計、関係団体の財政状況及び健全化判断比率（市町村）」からみる財政健全化比率

財政状況資料集シート3の「(2) 各会計、関係団体の財政状況及び健全化判断比率（市町村）」には、一般会計等の財政状況、公営企業会計等の財政状況、関係する一部事務組合等の財政状況、地方公社・第三セクター等の経営状況及び地方公共団体の財政的支援の状況、公債費負担の状況が載っています。これらは、財政健全化比率である実質赤字比率、連結実質赤字比率、実質公債費比率、将来負担比率の計算に使う自治体の負担額です。

夕張市の破綻の一要因として、特別会計にまで財政のチェックが及ばなかったことがあります。そこで特別会計にある負担もしっかりみようという理念のもと作られた

図表3-5 健全化判断比率等の対象について

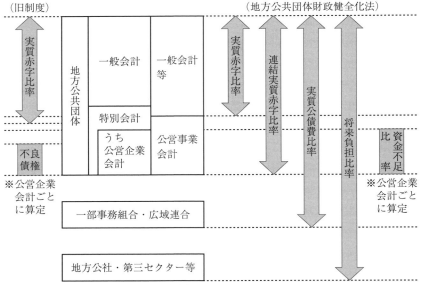

出所：総務省「健全化判断比率の算定」資料。

図表3-6 実質赤字比率の計算式

$$実質赤字比率 = \frac{一般会計等の実質赤字額}{標準財政規模}$$

・一般会計等の実質赤字額：一般会計及び特別会計のうち普通会計に相当する会計における実質赤字の額
・実質赤字の額＝繰上充用額＋（支払繰延額＋事業繰越額）
出所：図表3-5に同じ。

図表3-7 連結実質赤字比率の計算式

$$連結実質赤字比率 = \frac{連結実質赤字額}{標準財政規模}$$

・連結実質赤字額：イとロの合計額がハとニの合計額を超える場合の当該超える額
　イ　一般会計及び公営企業（地方公営企業法適用企業・非適用企業）以外の特別会計のうち、実質赤字を生じた会計の実質赤字の合計額
　ロ　公営企業の特別会計のうち、資金の不足額を生じた会計の資金の不足額の合計額
　ハ　一般会計及び公営企業以外の特別会計のうち、実質黒字を生じた会計の実質黒字の合計額
　ニ　公営企業の特別会計のうち、資金の剰余額を生じた会計の資金の剰余額の合計額
出所：図表3-5に同じ。

のが財政健全化比率です。財政健全化判断比率がカバーする範囲とその計算式は**図表3-5〜3-9**の通りです。それでは、財政状況資料集シート3の「(2) 各会計、関係団体の財政状況及び健全化判断比率（市町村）」をみながら、わがまちの財政健全化比率の状況を確認していきます。

シートの左上の「一般会計等の財政状況」には、普通会計（一般会計等）の収支状況が載っています。普通会計において一般会計の他に特別会計がある自治体は、「一般会計等の財政状況」の表に一般会計の他にその特別会計の収支状況が載っています。そのため、この表をみることで、普通会計を使っている決算カードではみえてこなかった一般会計や普通会計に振り分けられる

第3章　財政状況資料集を読み解く

図表3-8　実質公債費比率の計算式

$$\text{実質公債費比率（3か年平均）} = \frac{（\text{地方債の元利償還金＋準元利償還金}^{(※)}）－（\text{特定財源＋元利償還金・準元利償還金に係る基準財政需要額算入額}）}{\text{標準財政規模－（元利償還金・準元利償還金に係る基準財政需要額算入額）}}$$

(※)準元利償還金：次のイからホまでの合計額

　イ　満期一括償還地方債について、償還期間を30年とする元金均等年賦償還とした場合における1年当たりの元金償還金相当額

　ロ　一般会計等から一般会計等以外の特別会計への繰出金のうち、公営企業債の償還の財源に充てたと認められるもの

　ハ　組合・地方開発事業団（組合等）への負担金・補助金のうち、組合等が起こした地方債の償還の財源に充てたと認められるもの

　ニ　債務負担行為に基づく支出のうち公債費に準ずるもの

　ホ　一時借入金の利子

出所：図表3-5に同じ。

図表3-9　将来負担比率の計算式

$$\text{将来負担比率} = \frac{\text{将来負担額－（充当可能基金額＋特定財源見込額＋地方債現在高等に係る基準財政需要額算入見込額）}}{\text{標準財政規模－（元利償還金・準元利償還金に係る基準財政需要額算入額）}}$$

・将来負担額：次のイからチまでの合計額

　イ　一般会計等の当該年度の前年度末における地方債現在高

　ロ　債務負担行為に基づく支出予定額（地方財政法第5条各号の経費に係るもの）

　ハ　一般会計等以外の会計の地方債の元金償還に充てる一般会計等からの繰入見込額

　ニ　当該団体が加入する組合等の地方債の元金償還に充てる当該団体からの負担見込額

　ホ　退職手当支給予定額（全職員に対する期末要支給額）のうち、一般会計等の負担等見込額

　ヘ　地方公共団体が設立した一定の法人の負債の額、その者のために債務を負担している場合の当該債務の額のうち、当該法人等の財務・経営状況を勘案した一般会計等の負担見込額

　ト　連結実質赤字額

　チ　組合等の連結実質赤字額相当額のうち一般会計等の負担見込額

・充当可能基金額：イからヘまでの償還額等に充てることができる地方自治法第241条の基金

出所：図表3-5に同じ。

各特別会計の収支状況をみることができます。またこの表の右下の部分には実質赤字額が載っています。この実質赤字額を標準財政規模で割り、100をかけたものが実質赤字比率になります。ただし、実質収支がある場合（実質赤字がない場合）は、実質赤字額の記載は「－」になります。「－」は度々出てきますが、「ゼロ以下である」という意味です。実質収支額が100万円だとすると、それを実質赤字の側からみたら実質赤字額は－100万円だということになります。その場合、実質赤字比率はマイナスになるので表示は「－」になります。逆に、実質赤字額が100万円あるとなると実質収支額は－100万円となります。このように

図表3-10　国立市の実質赤字比率の状況

（単位：百万円）

計算すると「－3.5%」になるが、「－」と表示

実質収支額：545百万円 ＝実質赤字額：－545百万円

$$[\text{実質赤字比率}] = \frac{[\text{実質赤字額}]\ -545}{[\text{標準財政規模}]\ 15,706} \times 100$$

－3.5%

実質赤字比率：－3.5% ＝実質収支比率：3.5%

出所：「国立市平成29年度財政状況資料集」より筆者作成。

実質収支と実質赤字はマイナス1をかけた関係を持ちます（**図表3-10**）。

　実質赤字比率の基準について総務省は、地方債協議・許可制度における許可制移行基準を標準財政規模に応じて2.5%〜10%と設定し、財政再生基準を20%と設定して

います。さらに、早期健全化基準を地方債協議・許可制度における許可制移行基準と財政再生基準との中間の値をとり、11.25〜15％としています。ただし、これらの基準を超えるような赤字額を出す自治体はほとんどありません。そのため、この基準とわがまちの実質赤字比率とを単純に見比べて、クリアしているだけで、自治体財政は安定していると結論づけるのは早すぎます。そうではなく、実質収支比率の推移を類似団体や周辺団体と見比べ、安定して推移してきているかを確認するべきです。

　その下にある表が「公営企業会計等の財政状況」の表です。ここにある数字を用いて連結実質赤字比率を計算します。まず、わがまちにはどういった公営事業会計や公営企業会計があるのかを確認してみてください。備考欄に、公営企業会計（法適用）には「法適用企業」、公営企業会計（法非適用）には、「法非適用企業」と書いています。何も書かれていないものが公営企業会計以外の公営事業会計になります。この表にも歳入、歳出、形式収支、実質収支の記載がありますので、それぞれの会計がどれだけ赤字なのか黒字なのかを確認してみてください。詳細な分析をする場合は各会計の決算書を見て、それぞれの会計に入ってきたお金がどのように使われているのかを調べてみると良いでしょう。「資金剰余額／不足額（実質収支）」の右隣には「他会計等からの繰入金」の額があります。ここでいう他会計等は主に普通会計です。公営企業会計等における普通会計からの繰入金は、普通会計における公営企業会計等への繰出金を指します。普通会計からの繰出金は、財政状況資料集のシート２の「普通会計の状況」中央にある「公営事業等への繰出」に

その内訳が載っていますので、合わせて確認してみて下さい。その右には、「企業債（地方債）現在高」と「左のうち一般会計等繰入見込額」があります。企業債（地方債）現在高はそのままの意味で、その会計で起債した債務の残高を指します。「左のうち一般会計等繰入見込額」は、企業（地方債）現在高のうち将来負担比率に算入される部分の金額を指します。さらに右には、「資金不足比率」があります。公営企業会計は、建前として独立採算制の原則があり、普通会計からの繰入金に依存するやりくりは好ましくないといわれています。そのため、その企業ごとに経営状況をチェックする必要があります。そこで用いられるのがこの資金不足比率です。計算式は表にある「資金剰余額／不足額（実質収支）」を事業の規模で割った額になります。事業の規模というのは、営業収益額から受託工事収益額を引いたものですが、この額はさほど重要ではないです。むしろ注目して欲しいことは、資金不足比率そのものの数字です。多くの企業では資金不足額が発生していないので、資金不足比率は「－」になっています。ただ、特別会計に問題意識を持つ方からするとこれだけでは満足できないはずです。毎年各自治体が発表している健全化判断比率・資金不足比率の概要には、単純に「－」（ハイフン）とするのではなく「－○○％」（マイナス○○パーセント）と表示している自治体も多くあります。もしわがまちがそのように公表している団体であれば、経年的に資金不足比率をみてください。その際、普通会計から繰入金が毎年どの程度各会計に入っているのかも確認してみて下さい。

　またこの表の右下には、連結実質赤字額

第3章　財政状況資料集を読み解く

図表3-11　国立市の連結実質赤字比率の状況

（単位：百万円）

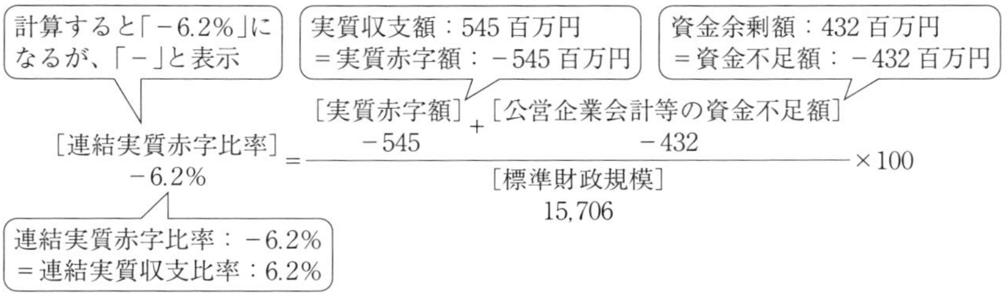

計算すると「−6.2%」になるが、「−」と表示

実質収支額：545百万円
＝実質赤字額：−545百万円

資金余剰額：432百万円
＝資金不足額：−432百万円

$$[連結実質赤字比率]_{-6.2\%} = \frac{[実質赤字額]_{-545} + [公営企業会計等の資金不足額]_{-432}}{[標準財政規模]_{15,706}} \times 100$$

連結実質赤字比率：−6.2%
＝連結実質収支比率：6.2%

出所：図表3-10に同じ。

の表示があります。連結実質赤字比率がある市町村はほぼないです（2017年で1市町村のみ）。そのため多くの自治体で実質赤字額同様に「−」となっているかと思います。連結実質赤字比率の計算は、普通会計の実質赤字額と公営企業会計等の資金不足額（実質赤字額）を足した連結実質赤字額を標準財政規模で割り、100をかけた値です。実質赤字比率と同様に、連結実質収支と連結実質赤字はマイナス1をかけた関係を持ちます（**図表3-11**）。財政健全化比率のより深い理解のために、自身で連結赤字比率を計算し、マイナス何パーセントなのかを確認しましょう。

「公営企業会計等の財政状況」の表の下には「関係する一部事務組合等の財政状況」表の右側には「地方公社・第三セクター等の経営状況及び地方公共団体の財政的支援の状況」があります。「関係する一部事務組合等の財政状況」は「公営企業会計等の財政状況」と同様に資金剰余額／不足額（実質収支）や地方債現在高等について記載しています。「左のうち一般会計等負担見込額」は、将来負担比率の分子に当たる将来負担額の内訳の一部を指します。また、「地方公社・第三セクター等の経営状況及び地方公共団体の財政支援の状況」には、それぞれがもつ資産の状況や当該団体が負担する債務の状況が書かれています。

下部にある「公債費負担の状況」をみてみましょう。ここには健全化判断比率のもう2指標である「実質公債費率」と「将来負担比率」の計算に用いる数字が書かれています。まず左側をみてください。元利償還金、減債基金積立不足算定額と続いている部分です。実質公債費比率は、一般会計だけではなく、公営事業会計や一部事務組合、広域連合における地方債返済にかかる公債費の負担割合を示す指標です。普通会計以外の会計における収入は、その会計に関連する事業による独自収入の他に主として一般会計からの繰入金からなります。仮にそれらの会計で地方債を抱えており、その返済をする場合、一般会計からの繰入金の一部がその公債費に充てられていると考えられます。そのため、各会計において多くの地方債残高を抱え、その返済のために独自収入だけでは回らない状況になった時には、一般会計からその会計への繰出金や補助費等を多くせざるを得なくなり、特別会計における公債費が普通会計を圧迫する関係を持つといえます。つまり、各会計全体の借金返済に対する普通会計の負担状況をみるならば、普通会計における公債費とともに各会計の公債費に対する繰出金・補助費等（各会計からみたら繰入金）をみる必要があります。そうした考えのもと生まれたのが実質公債費率です。

39

実質公債費比率の分子は、元利償還金＋減債基金積立不足算定額＋準元利償還金－特定財源の額－算入公債費等の額です。元利償還金は一般会計における負債返済の額です。準元利償還金はこの表の通り５つの区分に分かれます。ここにある「公営企業に要する経費の財源とする地方債の償還の財源に充てたと認められる繰入金」と「一部事務組合に要する経費の財源とする地方債の償還の財源に充てたと認められる繰入金」は、一般会計等での他会計へ繰り出した額や他団体の負担金のうち公債費に充てた額を示します。「公債費に準ずる債務負担行為に係るもの」としては、債務負担行為に基づく支出予定額のうち、地方債を財源とする一般会計において実質的に負担することが見込まれる額を指します。この表では、債務負担行為について具体的に何に関するものなのかも読み取ることができます。これらの額と減債基金積立不足算定額を足したものが分子の正の値になり、表でいうと合計（Ａ）の額になります。減債基金積立不足算定額は、減債基金積立計画に対する積立額不足額を指します。減債基金は通常、後の一括償還に向けて計画的に積み立てていきます。ただ、歳入不足等によって減債基金を計画通りに積み立てていくことができない場合があります。本来、積み立てなくてはいけない額が積み立てられていないことから、その不足額を実質的な公債費としてみなし、実質公債費の計算に盛り込んでいます。

　実質公債費の計算にあたり、その合計（Ａ）の額に特定財源の額（Ｂ）と算入公債費等の額（Ｃ）を控除します。特定財源の額（Ｂ）は元利償還金または準元利償還金の財源として使うことのできる特定の収入を指します。具体的には、国及び都道府県等からの利子補給や貸付金の財源として発行した地方債に係る貸付金の元利償還金、公営住宅使用料（決算統計における財源充当ルールを適用した場合に地方債元利償還金に充当できるもの）、都市計画事業に財源として発行された地方債償還額に充当した都市計画税（2007年から）がそれにあたります。注意が必要なのは、都市計画税分の控除が2007年に始まったということです。つまり、2007年から実質公債費比率の算定にあたり分子の控除額が増えたことで、実質公債費の値が必然的に下がったということです。実質公債費比率も経年的にみていくことが不可欠ですが、2007年以降と2006年以前では計算方法が異なるということに注意してください。算入公債費等の額は、地方債に係る元利償還金・準元利償還金に要する経費として普通交付税額の算定に用いる基準財政需要額に算入された額を指します。こうした控除があるために、実際には公債費の負担があるにも関わらず、控除される額が大きいため、マイナスになっている自治体も多く存在しており、実質公債費比率は実態と離れた財政指標になってしまっています。そのため、実質公債費比率の理解のためには、比率の値とともに分子の正の額に着目する必要があります。

　それらの分子に対し、標準財政規模（Ｃ）から算入公債費等の額（Ｄ）を引いた額で割り100をかけた値が実質公債費率となります（**図表3－12**）。この計算式で単年度の実質公債費が算出されますが、決算カードに記載されている実質公債費比率は、３カ年平均値であることに注意が必要です。

　右側には将来負担比率の算定に用いる各値を記載しています。将来負担比率は、将

第3章　財政状況資料集を読み解く

図表3-12　国立市の実質公債比率の状況
（単位：千円）

$$\text{実質公債費比率} = \frac{[\text{元利償還金}] + [\text{準元利償還金}] - [\text{減債基金積立不足算定額}] - [\text{特定財源の額}] - [\text{算入公債費等の額}]}{[\text{標準財政規模}] - [\text{算入公債費等の額}]} \times 100$$

実質公債費比率 = −0.6%
分子：1,632,211 + 841,633 − − 1,137,870 − 1,427,316
分母：15,706,333 − 1,427,316

> 実際には公債費の負担があるにも関わらず
> 実質公債費比率はマイナス
> ↓
> 実態とは離れた財政指標

出所：図表3-10に同じ。

図表3-13　国立市の将来負担比率の状況
（単位：千円）

> 計算すると
> 「−12.0%」になるが、
> 「−」と表示

$$[\text{将来負担比率}] = \frac{[\text{将来負担額}] - ([\text{充当可能基金}] + [\text{充当可能特定歳入}] + [\text{基準財政需要額算入見込額}])}{[\text{標準財政規模}] - [\text{算入公債費等の額}]} \times 100$$

将来負担比率 = −12.0%
分子：24,226,817 − (5,378,846 + 7,948,707 + 12,619,207)
分母：15,706,333 − 1,427,316

> 実際には将来負担額があるにも関わらず
> 将来負担比率はマイナス
> ↓
> 実態とは離れた財政指標

出所：図表3-10に同じ。

来負担額−充当可能財源の額を標準財政規模−算入公債費等の額で割り100をかけた値です（**図表3-13**）。実質公債費比率と同様に控除があることに注意が必要です。将来負担比率は、地方公共団体の借入金（地方債）など現在抱えている負債の大きさを、その地方公共団体の財政規模に対する割合で表したもので、その範囲は実質公債費比率より広く、「地方公社・第三セクター等」に及びます。将来負担比率分子の正の値である将来負担額は、地方債現在高や債務負担行為額などの普通会計に直接かかわる負担額の他、一般会計以外の会計や当該団体等の地方債の元利償還に充てる普通会計からの負担見込額、連結実質赤字額等の合計額を指します。つまり、その自治体はこの将来負担額にある金額だけ将来にわたり負担しないといけないということです。

将来負担の一般会計等に係る地方債現在高は決算カードや財政状況資料集のシート1にも記載があります。債務負担行為の内訳は、今みている財政状況資料集シート3の左下「将来負担の状況」の右側「債務に基づく支出予定額負担行為」にあります。「公営企業債等繰入見込額」は、公営企業会計における企業債のうち一般財源等で負担する額を指します。同シート左側に「公営企業会計等の財政状況」の表がありますが、その表の「左のうち一般会計等繰入見込額」の合計額が公営企業債等繰入見込額になります。またこの「将来負担の状況」の右側にも企業債等繰入見込額の内訳があります。組合等負担等見込額は自治体が関係する一部事務組合が起債した企業債のうち一般財源等で負担する額を指します。同シートの「公営企業会計等の財政状況」の下に、「関係する一部事務組合等の財政状況」表のありますが、その表の「左のうち一般会計等繰入見込額」の合計額が組合等負担等見込額になります。退職手当負担見

込額は、そのままの意味で今後必要となる退職手当の見込額です。設立法人等の負債額等負担見込額は、同シート右側の「地方公社・第三セクター等の経営状況及び地方公共団体の財政的支援の状況」の表にある「一般会計等負担見込額」の合計額になります。またこの「将来負担の状況」の右側にも、設立法人等の負債額等負担見込額の内訳（公社・三セク等）があります。

　これらの将来負担額から充当可能基金額、特定財源見込額、地方債現在高等に係る基準財政需要額算入見込額を合わせた充当可能財源の額を控除し、将来負担比率の分子が算定されます。これらの控除が将来負担比率を使いづらくしたり、実態と離れた値にしています。特定財源見込額や地方債現在高等に係る基準財政需要額算入見込額は、将来に渡ってそのまちに入ってくると見込まれる理論値です。そのため、今現在見込んだ通り何年も借金に充てられるかは不透明であるし、あくまでこれらは理論値であり、必然的に実際に充てる額とは異なってきます。そのため極めて曖昧な値だと考えられます。また、実質的公債費比率と同様にこれらの控除があることで、将来負担額があるにも関わらず、比率が「－」になっている自治体も多くあります。そのため、実質公債費比率同様に、控除する前の「将来負担額」の数値をつかんでおくことが重要となります。

4 「(3) 市町村財政比較分析表（普通会計決算）」からみる財政指標

　このシートには、主な財政指標を記載しています。財政力指数は基準財政収入額／基準財政需要額で計算した値の過去3カ年分の平均値です。1以上になると、収支のバランスが良く、地方交付税が交付されない「不交付団体」になります。財政力指数が0.95から1未満の自治体には、不交付団体になった時のメリット・デメリットを予め知っておく必要があります。メリットは税収が多い分、自治体の自由に使える財源が多いということです。デメリットは、歳入に地方交付税がなくなり、自主財源の占める割合が多くなった分、地方税の減少の自治体財政への影響が大きいことです。また、不交付団体と交付団体とで、国や都道府県の補助事業における補助率が異なってきます。そのため、わずかに財政力が1を超えた不交付団体よりも、わずかに財政力が1に届かなかった交付団体の方が有利になるケースもあります。

　不交付団体の市町村は2018年度で77団体です（84ページ図表5-3）。財政力指数を財政計画の指標に使う自治体もありますが、計算で用いる基準財政需要額は実態からではなく、国が決定した計算式を用いて計算します。また算定に用いる人口は5年ごとに実施する国勢調査の人口を用います。そのため、その増減を自治体内の努力のみで達成するには限界があります。ゆえに、財政力指数は、主たる資料として用いるのではなく、参考程度に扱った方がいいでしょう。

　次にあるのが経常収支比率です。経常収支比率は経常経費充当一般財源等を経常一般財源等で割った値と、経常一般財源等＋赤字地方債（主に臨時財政対策債）で割った値の2種類がありますが、ここで使われているのは経常一般財源等のみで割った値です。経常収支率はここに書かれているように財政構造の弾力性を示す財政指標です。従来80％程度が望ましいといわれてきまし

たが、福祉サービスへの需要の高まりから扶助費、人件費が必要となり、現在の全国平均は89.6%（2018年）です。次のシートで経常収支比率を詳細に扱います。この表からは、まず経常収支比率が類似団体平均の値と比べ、大きいのか小さいのかを確認してください。

左下には「人件費・物件費等の状況」というグラフがあります。「等」とありますが、これは維持補修費を指します。つまりここにあるグラフは人件費（事業費支弁人件費を含み、退職金は含まず）、物件費、維持補修費を合算した額のグラフです。なぜこの3つを合算した額をグラフにしているのかの説明はされていません。ただあえて理由を考えるならば、今後、国が自治体に注目してほしい経費だといえます。維持補修費は、公共施設が老朽化し、膨らんでいくことが想定されます。この維持補修費が膨らむ分、どこで経費を削減し、バランスをとるかを考える必要があります。その手段として、人件費と物件費のカットをこのグラフでは想定しているのではないかと考えられます。人件費はこれまで削減していく方針で国は地方に求めてきました。その結果、人件費を削減するために正規職員数を減らし、非正規職員を増やし物件費が増えてきました。ただ、単純に人件費を物件費に振り替えるだけでは全体の歳出規模が大きくは変わりません。そこで政府は物件費における人件費も着目し、公共サービスを担う全職員に対するお金に着目し、それを類似団体と競わせようとしていると考えられます。また、「フルセットの行政から脱却」を目指し、行政サービスの選択と集中を図ることを国は目指しています。つまり、公共施設の老朽化で膨らむ維持補修費を、自治体の公共サービス量を減らし公共施設の全ては更新しないことでその増加を抑えつつ、膨らんだ分は公共サービス量を減らした分の人件費、物件費を削減することでバランスを取ることが、このグラフの前提にはあると考えられます。

右の一番上とその下のグラフには、健全化判断比率である将来負担比率と実質公債費比率の推移が載っています。これらについては財政状況資料集シート3の「各会計、関係団体の財政状況及び健全化判断比率」やシート11の「実質公債費比率（分子）の構造」、シート12の「将来負担比率（分子）の構造」で改めて説明します。これらのグラフでは、将来負担比率や実質公債費比率の分子が0以下の場合、そのマイナスの額がどの程度でも、ここには「－」と記載し、類似団体内順位は1位と記載します。その点に注意してください。このグラフからは類似団体との比較ができます。健全化判断比率は国の基準が定められており、それを上回ると、起債に制限がかかります。ただし、この基準を超えることはほぼなく、とても低いハードルになっています。そのため、健全化判断比率をみる際には、国が定めた基準だけではなく、類似団体と比べ、自分たちの健全化判断比率はどうであるのかをここで確認し、その要因を財政状況資料集のシート3やシート11、シート12で探っていく必要があります。

右側の下二つは、定員管理とラスパイレス指数に関するグラフです。これらは人件費に関するものです。どの自治体も職員数削減を前提とした定員管理計画を策定しています。定員管理のグラフからはわがまちの職員数の増減、類似団体と比較した際の大小を把握してください。その上で各自治

43

体が持つ定員管理計画における達成目標に対し、現状どの程度まで達成しているのかを確認してみてください。ラスパイレス指数は、国家公務員の俸給月額を100とした場合の地方公務員一般行政職の給与水準を指します。国はこうしたラスパイレス指数を公表することで人件費の抑制を進めようとしています。ただし、本来自治体職員の給与は、その住民レベルでの議論に基づき、自治体の議会で決定した条例によって定められるべきものであり、自治体の置かれている状況によって差があるものです。国が一方的に、給与の方針を自治体に口出しすべきではありません。もちろん、合理的な理由もなく給与が類似団体や同一都道府県よりも高いことは問題ですが、住民、議会の合意に基づいた給与であり、歳入歳出全体のバランスが取れていればある程度高くても問題はないかと思います。

またラスパイレス指数の算定において、国家公務員については一部の職員しか扱わず、地方公務員については全職員を扱うという矛盾もあります。そのため自治体職員の給与について、この数値のみから判断することは危険であり、公共サービスの担い手である職員たちを疲弊させていくことにつながってしまいます。

5 「(4)-1 市町村経常経費分析表（普通会計決算）（経常収支比率の分析）」から知る経常収支比率の内訳

財政状況資料集のシート5の「(4)-1市町村経常経費分析表（普通会計決算）（経常収支比率の分析）」には、経常収支比率の内訳について書かれています。経常収支比率は、財政の弾力性をみる指標で、自治体の財政計画などでよく使われる指標です。そ

れではこの分析表のポイントになる部分をみていきましょう。

まずこの分析表の構成についてです。分析表の左上（図表3-15の①の部分、図表3-14）には自治体の人口などの基礎的な情報、歳入や歳出などの財政情報、自治体の人口や産業構造の違いによって類型化される市町村類型を記載しています。市町村類型の判断となる人口は5年ごとに行われる国勢調査の人口が適用されるため、5年に一回類型が変わることもあります。複数年度の財政状況資料集を読み解く際、必ずその類型について確認してください。

この分析表には、①人件費、②扶助費、③公債費、④物件費、⑤補助費等、⑥その他、⑦公債費以外の7つの区分の自治体に関する情報が、折れ線グラフで5カ年載っています。ここにある数値は、各区分の経常経費充当一般財源を分子とし経常一般財源等＋赤字地方債（主に臨時財政対策債）を分母としています。例えば、人件費であれば、人件費のなかの経常経費充当一般財源等の額を分子としています。●のマークがついた折れ線グラフはわがまちの額で、◆のマークがついた折れ線グラフは、類似団体の平均値です。グラフの右上には「類似団体内順位」「全国平均」「同一都道府県平均」の数値を記載しています。またその下の「分析欄」には自治体職員が自身の自治体の財務情報についてコメントを入れています。グラフをみる際に注意してほしいことは、通常のグラフとは異なり、折れ線グラフの上の方が数値が低いということです。

これまでどの自治体も、財政の硬直化を避けようと、義務的経費を減らすことで経常収支比率を下げる方針を立ててきました。

図表 3 - 14 財政状況資料集シート5「経常収支比率の分析」の左上部分（東村山市）

人 口	151,018	人 (H30.1.1現在)	実 質 赤 字 比 率	－ ％
うち日本人	148,254	人 (H30.1.1現在)	連結実質赤字比率	－ ％
面 積	17.14	k㎡	実質公債費比率	4.9 ％
歳 入 総 額	54,757,988	千円	将来負担比率	6.0 ％
歳 出 総 額	52,621,926	千円		
実 質 収 支	1,579,573	千円		
標 準 財 政 規 模	28,705,473	千円	市 町 村 類 型	H25 Ⅳ－1 H26 Ⅳ－1 H27 Ⅲ－3
地 方 債 現 在 高	41,140,730	千円	（ 年 度 毎 ）	H28 Ⅲ－3 H29 Ⅲ－3

ただし扶助費と公債費は自治体の裁量でただちに削減することが困難なため、人件費を削減する方針をとっていました。こうした流れは『自治体戦略2040』でも引き継がれており、さらに人件費を減らそうとしています。その結果、自治体の仕事をどんどん市場に開放し、公共サービスを民営化することで、自治体の公共サービスからの撤退がすでに始まっています。こうしたなかで、住民生活に責任を持つ自治体の果たす役割が問われています。

単に、経常収支比率を下げるのではなく、住民の合意に基づくあるべき自治体像からわがまちの経常収支比率のあり方を決め、それをもとに現状の財政状況を分析する必要があります。現状の分析表をみても「引き続き経費の縮減に取り組む。」という記述がよくみられます。具体的にどの程度まで縮減をすべきなのか、そもそも縮減すべきなのかについて、議論をする必要があるということです。

では各グラフをみて、わがまちの経常収支比率において、どの科目が増えることで経常収支比率を増加させているのか（減らしているのか）、どの科目で経常収支比率が高いのかを確認してみましょう。グラフをみる際に注意する必要があるのは、「その他」「公債費以外」の二つの内容です。「その他」の項目には、「繰出金」「維持補修費」「投資・出資・貸付金」の3つの費目

からなります。ただ、どの自治体も「その他」のほとんどが「繰出金」が占めています。右側のコメント欄もみても、大半は「繰出金」の概況を記載しています。そのため、「その他」の内容は「繰出金」の項目だと考えてもよいでしょう。

「公債費以外」の項目は「人件費」「扶助費」「物件費」「補助費等」「維持補修費」「繰出金」の経常収支比率の割合を合計した値を記載しています。本来であれば記載された内容の重複を考えるのならばまだ記載されていない「維持補修費」「投資・出資金・貸付金」などを「その他」として記載するべきです。まとめるのであれば、性質別歳出でいう「その他の経費（物件費、補助費等、繰出金、維持補修費、投資・出資金、積立金）」の経常経費充当一般財源額を記載するべきだといえます。

もうひとつ注意が必要な点は、分母を経常一般財源等＋赤字地方債（主に臨時財政対策債）とした経常収支比率を用いてグラフが作られている点です。経常収支比率は分母を経常一般財源等＋赤字地方債とする計算方法と、経常一般財源等のみとする計算方法の2種類があります。余裕があったら分母を経常一般財源等のみとする経常収支比率のグラフを作成してみてください。[*10]

図表3-15　財政状況資料集シート5「経常収支比率の分析」

(4)-1　市町村経常経費分析表（普通会計決算）

経常収支比率の分析

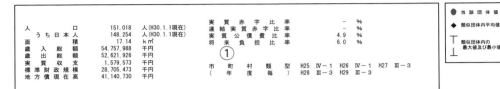

※ 市町村類型とは、人口および産業構造等により全国の市町村を35のグループに分類したものである。当該団体と同じグループに属する団体を類似団体と言う。
※ 住民基本台帳人口については、住民基本台帳関係年報の調査基準日変更に伴い、平成25年度以降、調査年度の1月1日現在の住民基本台帳に登載されている人口を記載。
※ 類似団体内順位、全国平均、各都道府県平均は、平成29年度決算の状況である。また類似団体が存在しない場合、類似団体内順位を表示しない。

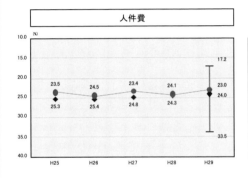

人件費の分析欄

　類似団体、全国、東京都いずれの平均よりも下回っている。
　変動要因としては、時間外勤務の減に伴う手当の減などにより、人件費が減となったことによる。

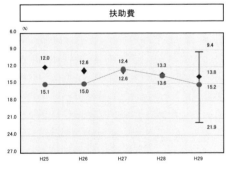

扶助費の分析欄

　平成28年度より1.6ポイント増した。
　類似団体平均も0.5ポイント増しているものの、当市の伸びが大きかったため、類似団体平均を上回る結果となっている。
　主要な変動要因は、施設型給付費や施設障害福祉サービス給付費の増などである。
　当市は生活保護費等の割合が高いことから、就労支援等を実施し、今後も状況の改善に努めていく。

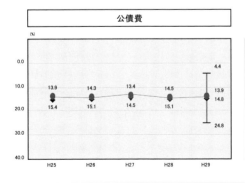

公債費の分析欄

　平成28年度より0.6ポイント減した。
　類似団体平均、全国平均と比べて比率は下回っているが、東京都の平均は上回っている。
　分母となる経常一般財源等が増していること、分子である公債費が長期債元金償還金、臨時財政対策債利子の減などにより減したことが要因である。
　今後も、地方債の発行については、慎重に検討していく。

第3章 財政状況資料集を読み解く

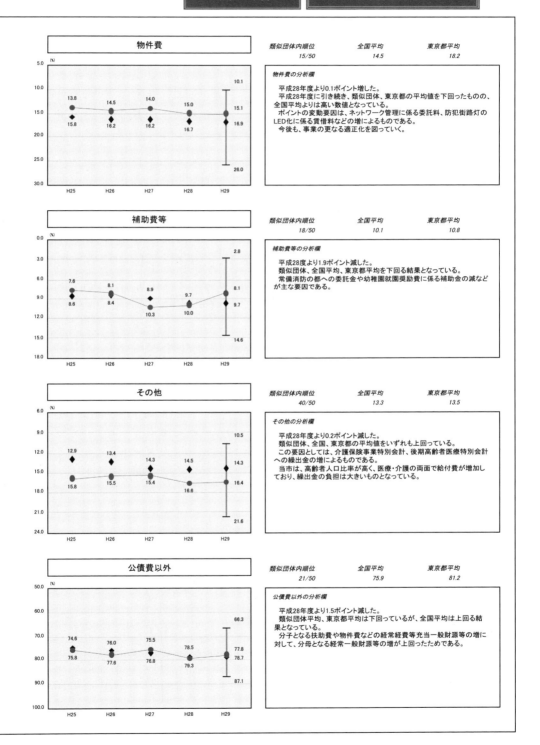

6 「(4)-2 市町村経常分析表（普通会計決算）（人件費・公債費・普通建設事業費の分析）」から考える「実質的な義務的経費」

　財政状況資料集シート6の「(4)-2市町村経常分析表（普通会計決算）」には①人件費及び人件費に準ずる費用の分析、②公債費及び公債費に準ずる費用の分析と参考として③普通建設事業費の分析の3つの項目を記載しています。義務的経費は人件費、扶助費、公債費を合算した額です。ただし、後述するように、公共サービスを担う人々に対する人件費は、普通会計からの繰入がある公営事業会計の中にもあります。また、公営事業会計にも公債費があり、その一部に普通会計からの繰入を充てています。そうした「実質的な義務的経費」をみるのがこのグラフです。

　まずはじめに①人件費及び人件費に準ずる費用の内訳（**図表3-16**）をみていきましょう。右の表に注目してください。ここで紛らわしい表記が「人件費に準ずる費用」というもので、財政状況資料集の中でこのシート6のみに記述されています。この「人件費に準ずる費用」というのは、自治体で働く非正規職員の賃金が該当し、通常決算カードでは「物件費」を構成する項目の一つとして計上されています。右の表の2番目の賃金（物件費）がそれに該当します。これまで、自治体は義務的経費を減らしつつも同水準の公共サービスを維持するために、正規職員（人件費）を減らし、非正規職員（物件費）を増やしてきました。その結果、非正規職員のなかには官製ワーキングプアと呼ばれるような職員も生み出してしまっています。ただ、単に人件費を物件費に代えることで、確かに義務的経費は見かけ上減ることになりますが、自治体職員数削減を目指す国の方針からはずれてしまいます。そこで人件費だけではなく、物件費までを管理し、類似団体と競わせるために作成したグラフがこのグラフになります。

　公共サービスを担う人々の人件費は、普通会計だけではなく一部事務組合会計などの特別会計にも計上されています。例えば、ごみ焼却施設や最終処分場などの一部事務組合で働く人たちに対する人件費などがそれにあたります。そうした人件費に対して、普通会計からどの程度負担しているのかを示しているのが、表のなかの「一部事務組合負担金（補助費等）」から「公営企業（法

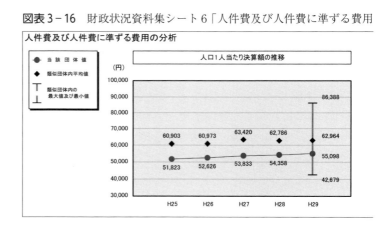

図表3-16　財政状況資料集シート6「人件費及び人件費に準ずる費用

非適）等に対する繰出し（繰出金）」までの部分（**図表3-16①の部分**）です。特別会計に対して普通会計は繰出金や補助費等を通して、歳入の援助をしています。その援助しているお金のうち、人件費として使われた額がここにある数字だということです。その下の「事業費支弁に係る職員の人件費（投資的経費）」とは、財政状況資料集シート2の「性質別歳出の状況」の「投資的経費のうち人件費」の額が計上されています。普通建設事業等を担う人たちへの給与等がそれに該当します。つまり、このグラフと表からわがまちの公共サービスを担う、ほぼすべての人に対する人件費をみることができるということです。ただし、公共施設運営等の指定管理者に対しては全て込みで委託料として支出するため、指定管理者が運営している施設の職員まではここに入っていません。

2つ目のグラフと表は、「公債費及び公債費に準ずる費用の分析」です（**図表3-17**）。表にある各項目は実質公債費比率の分子の構成要素となっています。「元利償還金の額」から「一時借入金利子」は分子のプラスの要素、「▲特定財源の額」、「▲地方債に係る元利償還金及び準元利償還金に要する

経費として普通交付税の額の算定に用いる基準財政需要額に算入された額」はマイナスの要素になります。この表にある当該団体決算額（千円）の額は、シート3の「各会計、関係団体の財政状況及び健全化判断比率」下部の公債費負担の状況にある額と同じです。ただし、このシートでいう「▲地方債に係る元利償還金及び準元利償還金に要する経費として普通交付税の額の算定に用いる基準財政需要額に算入された額」は、シート3では「算入公債費等の額」を指し、呼び方が異なっているので注意してください。

この表には決算額のほか当該団体と類似団体平均の人口一人当たりの決算額、それらの対比（当該団体／類似団体平均×100－100）が載っています。実質公債費比率は、シート1「総括表」、シート3「各会計、関係団体の財政状況及び健全化判断比率」、このシート6の「(4)-2市町村経常経費分析表（普通会計決算）」、そしてシート11の「(9) 実質公債費比率（分子）の構造（市町村）」の4枚にわたって説明されています。シート1では、ここ3カ年平均の実質公債費比率（広報等でも、実質公債費比率は3カ年平均値を用います）、シート3には実質

の分析」（東村山市）

人件費及び人件費に準ずる費用	当該団体決算額	人口1人当たり決算額		
	（千円）	当該団体（円）	類似団体平均（円）	対比（％）
人件費	7,691,434	50,931	56,348	▲ 9.6
賃金（物件費）	469,620	3,110	3,645	▲ 14.7
一部事務組合負担金（補助費等）	27,495	182	3,500	▲ 94.8
公営企業（法適）等に対する繰出し（補助費等）	167,201	1,107	434	155.1
公営企業（法適）等に対する繰出し（投資及び出資金・貸付金）	–	–	13	–
公営企業（法非適）等に対する繰出し（繰出金）	255,788	1,694	2,442	▲ 30.6
事業費支弁に係る職員の人件費（投資的経費）	70,478	467	1,100	▲ 57.5
▲退職金	▲ 361,235	▲ 2,392	▲ 4,518	▲ 47.1
合計	8,320,781	55,098	62,964	▲ 12.5

参考	当該団体	類似団体平均	対比（差引）
人口1,000人当たり職員数（人）	4.92	5.98	▲ 1.06
ラスパイレス指数	101.0	99.8	1.2

図表3-17 財政状況資料集シート6「公債費及び公債費に準ずる費用

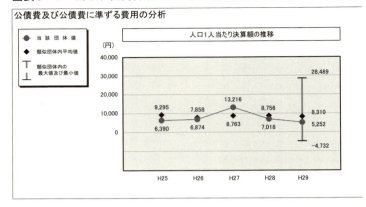

図表3-18 財政状況資料集シート6「普通建設事業費の分析」（東村

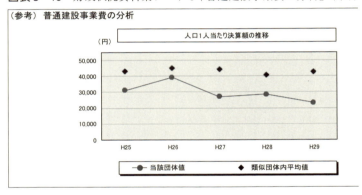

公債費率算定に用いる各項目と単年度の数値について3カ年分、シート11には実質公債費比率の分子の要素について5カ年分載っています。これらのシートからは、実質公債費比率の構成要素の経年推移をみることができます。一方、シート6では、実質公債費比率の構成要素の類似団体との比較ができます。これは、類似団体比較カードにも載っていない情報なのでここで必ず確認してください。類似団体と比べ、実質公債費比率の分子（実質的公債費額）が多いのか少ないのかをみて、その要因は元利償還金にあるのか準元利償還金にあるのか、控除の要素（特定財源等、算入公債費等の額）にあるのかを確認してください。

仮に元利償還金が多くなっている場合、普通会計における公債費が多く、公債費比率、公債費負担比率も高くなっているはずです。その公債費の高さは、経年的なものなのか、その年度だけなのかを他のシートからも確認するとともに、公債費が高くなった要因について、シート11「(9) 実質公債費比率（分子）の構造（市町村）」の分析欄をみたり、近年の大型事業実施状況、起債計画を調べてみてください。準元利償還金が多くなっている場合は、特別会計における公債費が多いということです。これは普通会計をベースとした決算カードや類似団体比較カードからはわからない情報であり、見落としがちです。

上から3つ目のグラフでは、普通建設事業費を経年的に載せています（**図表3-**

の分析」（東村山市）

公債費及び公債費に準ずる費用（実質公債費比率の構成要素）

	当該団体決算額（千円）	人口1人当たり決算額		
		当該団体（円）	類似団体平均（円）	対比（％）
元利償還金の額（繰上償還額等を除く）	4,106,117	27,190	32,962	▲ 17.5
積立不足額を考慮して算定した額	–	–	–	–
満期一括償還地方債の一年当たりの元金償還金に相当するもの（年度割相当額）	–	–	46	–
公営企業に要する経費の財源とする地方債の償還の財源に充てたと認められる繰入金	923,869	6,118	6,858	▲ 10.8
一部事務組合等の起こした地方債に充てたと認められる補助金又は負担金	55,129	365	1,328	▲ 72.5
公債費に準ずる債務負担行為に係るもの	163,554	1,083	918	18.0
一時借入金利子（同一団体における会計間の現金運用に係る利子は除く）	1,617	11	1	1,000.0
▲特定財源の額	▲ 1,351,339	▲ 8,948	▲ 7,068	26.6
▲地方債に係る元利償還金及び準元利償還金に要する経費として普通交付税の額の算定に用いる基準財政需要額に算入された額	▲ 3,105,800	▲ 20,566	▲ 26,735	▲ 23.1
合計	793,147	5,252	8,310	▲ 36.8

※平成30年度中に市町村合併した団体で、合併前の団体ごとの決算に基づく実質公債費比率を算出していない団体については、グラフを表記しない。

山市）

普通建設事業費

		当該団体決算額（千円）	人口1人当たり決算額				
			当該団体（円）	増減率（％）(A)	類似団体平均（円）	増減率（％）(B)	(A)－(B)
H25		4,719,123	31,029	72.8	43,141	9.4	63.4
	うち単独分	2,626,177	17,267	76.1	21,887	▲ 2.4	78.5
H26		5,947,287	39,279	26.6	45,117	4.6	22.0
	うち単独分	4,467,503	29,506	70.9	25,589	16.9	54.0
H27		4,091,921	27,124	▲ 30.9	44,267	▲ 1.9	▲ 29.0
	うち単独分	3,420,909	22,676	▲ 23.1	26,161	2.2	▲ 25.3
H28		4,310,073	28,593	5.4	40,879	▲ 7.7	13.1
	うち単独分	2,968,759	19,695	▲ 13.1	24,087	▲ 7.9	▲ 5.2
H29		3,524,873	23,341	▲ 18.4	42,651	4.3	▲ 22.7
	うち単独分	2,002,408	13,259	▲ 32.7	22,675	▲ 5.9	▲ 26.8
過去5年間平均		4,518,655	29,873	11.1	43,211	1.7	9.4
	うち単独分	3,097,151	20,481	15.6	24,080	0.6	15.0

18）。普通建設事業費は、単独事業費と補助事業費に分かれます。単独事業は庁舎建替等、その自治体の裁量で行った事業であり、補助事業は橋や国道、県道の建設などの国や都道府県の補助を受ける事業を指します。普通建設事業費は臨時的経費である投資的経費に分類されるため、経常収支比率としては現れてきません。しかし、普通建設事業費は、多くの自治体で毎年歳出の20〜30％程度を占める大きな支出になっています。また、普通建設事業費の財源には地方債が充てられます。起債した債務は何年もかけて返済することになり、それは公債費として現れます。そしてその公債費の財源は一般財源等が充てられます。そのため、普通建設事業費は臨時的経費なので直ぐに財政

の硬直化が起らないものの、間接的には経常収支比率を上げる要因になります。したがって、財政の健全化には、経常経費とともに普通建設事業費も経年的にみたり、類似団体と比較して適正かどうかを考える必要があります。

7 「(5) 市町村性質別歳出決算分析表（住民一人当たりのコスト）」「(6) 市町村目的別歳出決算分析表（住民一人当たりのコスト）」からみる公共サービスのあり方

財政状況資料集シート7「(5) 市町村性質別歳出決算分析表（住民一人当たりのコスト）」とシート8「(6) 市町村目的別歳出決算分析表（住民一人当たりのコスト）」は、

財政状況資料集の公開後に、新しく追加されたシートです。これらのシートには目的別歳出・性質別歳出の科目の5カ年分の推移と類似団体との比較が載っており、わがまちの近年の財政動向がわかります。この企業会計の財務4表の行政コスト計算書を使って、一会計期間の経常的な行政活動に伴う費用を比較するねらいと意味を考えてみましょう。

ではまず、シートの左上をみてみてください。ここには自治体の概要と財政の概要、健全化判断比率、市町村類型について書かれています。市町村類型は、国勢調査から各自治体の人口と経済構造を基に区分します。そのため、新しい国勢調査の結果を反映した2015年から分類された市町村類型が変わっていることが多いです。注意しておいてください。

この2枚のシートには、各科目の5カ年分の推移と類似団体との比較が載っています。一つ一つをみてください。グラフの上には類似団体内順位、全国平均額、同一都道府県内平均額が載っています。グラフには当該団体の金額が折れ線グラフで示され、類似団体の平均額がひし形でそれぞれ示されています。また最新年度には、縦棒で類似団体内の最高額と最低額が合わせて示されています。グラフをみる際には、まず、それぞれのグラフの縦軸の補助線は科目によってさまざまであることに注意をしてください。また、最新年度の最高値と最低値によって、グラフ縦軸のメモリが決まります。最高値と最低値との差が大きいほど、違いがわかりにくいグラフになってしまっています。そのため、最高値と最低値との差が大きい場合は自分でグラフを作り直してみたら、経年的な違い、類似団体と

の違いがよくわかるようになるかと思います。

また、これらのシートには企業会計の考え方が背景にあります。それは各区分の支出（コスト）は低ければ低いほどいいという考え方です。類似団体や同一都道府県と競い、高い支出であれば低くしなさいという考え方がみえます。しかし地方財政の場合、コストを低くすることが第一に求められるのではありません。コストを下げ黒字を増やすことは、行政サービスが適切に提供できていないのではないかと考えられがちです。大事なことは、住民目線で、わがまちの住民のニーズに合わせた財政運営を行うことです。したがって、類似団体等よりも支出が大きいことが直ちに問題になるわけではないのです。むしろ、類似団体との金額の差から、その背景にある自治体の特性（人口構造、自然的状況など）やこれまでの施策を比較し、住民目線で財政運営を評価していくことが大切です。

グラフを確認したらシート下部の分析欄に何が書かれているのかを確認してみてください。その書き振りは自治体によって異なります。余裕があったら類似団体や近隣団体の財政状況資料集も確認してみてください。例えば、東京都国分寺市の分析欄には「普通建設事業費は、29年度住民一人当たり7万1114円となっており、東京都平均や類似団体平均を上回っている。普通建設事業費は年度により増減が大きいが、29年度に大幅に増加した要因としては、国分寺駅北口再開発事業がピークを迎えたことがあげられる」と、ここ5年の推移と同一都道府県平均や類似団体平均と比べて高いか、低いか、そして、その要因について書かれています。多くの自治体の分析欄も同様に、

いくつかの科目かをピックアップし、現状とその要因・背景について書かれています。もし、そういった記述がない自治体は、記述を厚くするよう求めるべきです。

　一方で多くの自治体で書かれていないことが、今後の展望や目標からみた現在の状況なのです。財政の過去の状況をなぜ分析しなくてはいけないかというと、財政の今後の見通しを立てるためです。例えば、普通建設事業費がここ数年高くなっていたら、今後公債費が高くなることが予測されます。また、補助費等や繰出金が高くなっていたら、特別会計で毎年赤字が出ており、普通会計から他会計への繰出が必要であり、その分普通会計を圧迫しているということになります。そのような場合、繰出金をどうやって削減するか、その見通しを立てる必要があります。他にも公共サービスの担い手である職員の人件費であれば、それをどの程度の額を適正とするのか、その適正額に対して現状はどうであり、適正規模へどうアプローチしていくかを考えていく必要があります。そういった各自治体ごとに財政計画で立てた目標やあるべき姿に対して現状がどうであるか、という視点から各区分を考えることが求められます。

8 「(7) 実質収支比率等に係る経年分析（市町村）」からみる自治体のやりくり

　このシート9「(7) 実質収支比率等に係る経年分析（市町村）」は、市町村のお金のやりくりを記載しているシートになります。グラフには財政調整基金残高と実質収支額の標準財政規模比が載っています。標準財政規模とは、その自治体の標準的な状態で入ってくる一般財源の規模を表してい

ます。簡単に表現するならば、自治体が持っている体力のようなものです。標準財政規模を算出する計算方法は複雑で特に覚えなくてもいいことなのであえて省略しますが、もし知りたい方がいれば総務省ホームページ等にあるので確認してみてください。実質収支額は、「歳入総額−歳出総額−翌年度に引き継ぐ財源」で算出する自治体経営が黒字か（赤字か）を判断する額です。財政調整基金は、使用する用途が決められておらず、その時の裁量で使うことができる積立金を指し、本来、財源の不足を補い調整する機能があります。積立金はこの財政調整基金以外にも、将来にわたり借金への返済に充てる減債基金と、減債基金を除く特定の目的をもって積み立てる特定目的基金（例えば、庁舎の建設や公共施設の建設、防災対策、少子高齢化対策）とがあります。

　自治体のやりくりを考えるには、将来において自由に使える財源はどのくらいあるのかを知っておくことが重要です。そこでこのシートでは、それらの自由に使える貯蓄の財政調整基金と余剰金である実質収支額をピックアップしてグラフ化しています。一般的に、標準財政規模比における財政調整基金の割合は10％〜20％が望ましいとされていたり、実質収支の標準財政規模比（実質収支比率）は3〜5％が望ましいとされています。これらはその額が多ければ多い程よいというわけではなく、バランスを見極めることが肝要です。将来に向けて闇雲に基金を積み上げていくのではなく、自治体が抱える問題を敏感に読み取り、その問題を解決するために基金を取り崩し、予算を増額する等の対策をするなど、ある程度の目的をもって貯蓄するなどの対応が必要です。そうすることが出来なければ、財

図表3−19 財政状況資料集シート9 「(7) 実質収支比率等に係る経年分析（市町村）」

(7) 実質収支比率等に係る経年分析（市町村）

| 平成29年度 | | 東京都東村山市 |

標準財政規模比（%）

標準財政規模比（%）

区分 ＼ 年度	H25	H26	H27	H28	H29
■ 財政調整基金残高	15.03	10.79	12.27	13.00	14.69
▨ 実質収支額	5.61	3.36	5.45	4.60	5.50
●— 実質単年度収支	3.44	▲ 9.95	2.18	▲ 3.60	▲ 0.12

分析欄

　財政調整基金については、行革目標である標準財政規模比の10%以上の水準を維持している。実質収支比率については概ね3%〜5%程度で推移している。実質単年度収支については年度間で増減しているが、財政調整基金繰入れの影響により平成28年度・平成29年度は下振れしている。
　今後も、一定の年度ごとの増減は見込まれるところではあるが、健全な財政運営に努めていく。

政調整基金が予算編成権を持つ首長の政策パフォーマンスに利用されるなど、本来対応すべき問題への対策がされず、状況が悪化することも懸念されます。

　このグラフをみるにあたって、自治体側がどの程度の財政調整基金積立や実質収支比率を目指しているのかを財政課や財政計画から確認してください。もしそうしたことを確認するのが難しい場合は、この5年間のうち最も割合が低い年度を基準にして現在はどうであるかを確認してください。最も少ない割合の年でも、ある意味その程度のお金を翌年に余らしておくだけでも、翌年度以降歳入歳出のやりくりができているわけですから、その年度の実績より多く財政調整基金を積み立てておく必要はないのではないか、積み立てておくなら特定目的基金で積み立てるべきではないかと考え

ることができます。そう考えれば、一時の政策パフォーマンスや住民が望まない大型建設事業に使われることも無くなるはずです。

　また、グラフには折れ線で実質単年度収支も表にしています。実質単年度収支は、単年度収支から、実質的な黒字要素（財政調整基金への積立額及び地方債の繰上償還額）を加え、赤字要素（財政調整基金の取崩し額）を差し引いた額で、当該年度一年間の財政運営でどれだけお金を増やしたか、減らしたかを表す額です。単年度収支は、「今年度の実質収支額−昨年度実質収支額」で計算できます。この折れ線グラフでみてほしい点は2点あります。1点目が大幅な減少や増加している年度があるのかどうかです。例えば、**図表3−19**をみると東村山市では2014（平成26）年度に実質単年度収

第3章　財政状況資料集を読み解く

図表3-20　財政状況資料集シート10　「(8) 連結実質赤字比率に係る赤字・黒字の構成分析（市町村）」

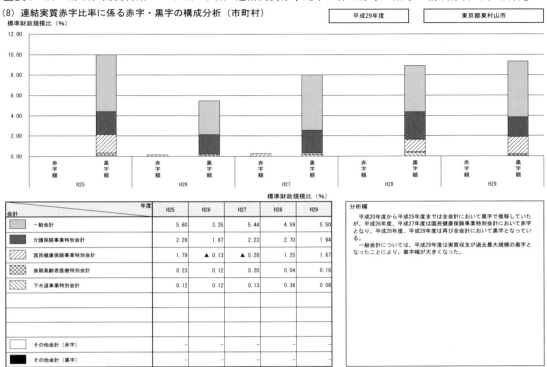

支が赤字にまでなっています。2013（平成25）年度と2014（平成26）年度の棒グラフを見比べると実質収支額が減るとともに貯蓄である財政調整基金を取り崩していることもわかります。なぜこのようなことが起きたのか詳細をみるには、決算書や決算統計などの行政資料で調べる必要があります。おおよそこのようなことが起きるには、庁舎や公共施設の改築・新築に伴い前年度に財政調整基金に積み立てておき、当該年度に財政調整基金で取り崩し充当していることが考えられます。もう1点は、3カ年以上、実質単年度収支が赤字になっていることがないかです。実質単年度収支が1、2年赤字になることは建設事業等によりよくあることです。しかし、3カ年以上赤字になることは稀ですし、3年連続自治体のお金

を減らしていることはそれはそれで問題があります。決算書でどういった事業をいつしていたのか、その時の議会議事録などからどういった議論があったのかを確認してみてください。

このシートの右下には分析欄として自治体職員による自治体運営について総括をしていますのでそちらも確認してください。

9　「(8) 連結実質赤字比率に係る赤字・黒字の構成分析（市町村）」からみる各会計の黒字・赤字

財政状況資料集のシート10「(8) 連結実質赤字比率に係る赤字・黒字の構成分析（市町村）」には、特別会計も含めたその自治体全体の会計を連結させて、赤字額はどのくらいあるのか、黒字額がどのくらいあ

55

図表3-21 財政状況資料集シート3 「一般会計等の財政状況」（東村山市）

(2) 各会計、関係団体の財政状況及び健全化判断比率（市町村）

一般会計等の財政状況（単位：百万円）

	会計名	歳入	歳出	形式収支	実質収支	他会計等からの繰入金	地方債現在高	備考
1	一般会計	54,758	52,622	2,136	1,580	1,207	41,141	
2								
3								
9								
10								
11								
12								
13								
14								
15								
16								実質赤字額
計	一般会計等（純計）	54,758	52,622	2,136	1,580		41,141	－

図表3-22 財政状況資料集シート3 「公営企業会計等の財政状況」（東村山市）

公営企業会計等の財政状況（単位：百万円）

	会計名	総収益（歳入）	総費用（歳出）	純損益（形式収支）	資金剰余額/不足額（実質収支）	他会計等からの繰入金	企業債（地方債）現在高	左のうち一般会計等繰入見込額	資金不足比率	備考
1	国民健康保険事業特別会計	18,366	17,884	482	482	2,181				
2	介護保険事業特別会計	12,685	12,126	559	559	1,837				
3	後期高齢者医療特別会計	3,561	3,514	47	47	1,847				
4	下水道事業特別会計	4,043	4,018	25	25	1,011	16,113	8,782		法非適用企業
5										
6										
28										
29										
30										
31										
33										
34										
35										連結実質赤字額
計	公営企業会計等				1,113		16,113	8,782		－

るのかを示すグラフが載っています。右側が今年度黒字であった会計の黒字額を標準財政規模で割った棒グラフになります。左側が今年度赤字になった会計の赤字額を標準財政規模で割った棒グラフになります。例えば、**図表3-20**にあるように東村山市では2014（平成26）年と2015（平成27）年において国民健康保険事業特別会計が赤字になっていることが確認できます。

連結実質赤字比率は、ほとんどの自治体の決算カードや財政状況資料集では、赤字ではないという意味で「－」として記載しています。本来であれば連結実質赤字比率は、裏を返せば連結実質収支（黒字）比率でもあるので「－」ではなくきちんとした数値を掲載するべきです。各会計の実質収支比率は知っておいても良い指標ですので、財政状況資料集のシート3に各会計の実質収支比率を算出した上で、それを集約し連結実質赤字（収支）比率を出すべきです。

第3章　財政状況資料集を読み解く

この分析表の数値は、自身で計算することもできます。余力がある人は実際に計算してみましょう。計算方法は、各会計の「資金剰余額／不足額（実質収支額）」／標準財政規模×100です。各会計の「資金剰余額／不足額（実質収支額）」は、財政状況資料集シート3の「一般会計等の財政状況」（**図表3-21**）、「公営企業会計等の財政状況」（**図表3-22**）にあります。標準財政規模は、財政状況資料集のシート1にあります。ここで注意が必要なのは実質収支の額の単位は百万円単位、標準財政規模の単位は千円単位で、単位が違うのが要注意です。

10　「(9) 実質公債費比率（分子）の構造（市町村）」からみる実質公債費比率のカラクリ

シート11「(9) 実質公債費比率（分子）の構造（市町村）」には、実質公債費比率の分子に関する分析表を記載しています（**図表3-23**）。まずグラフの下の表をみると元利償還金等（A）と算入公債費等（B）、(A)-(B) の3つの項目で構成されています。元利償還金等（A）の項目は、財政状況資料集のシート3「(2) 各会計、関係団体の財政状況及び健全化判断比率（市町村）」における「公債費負担の状況」（**図表3-24**）に書かれている内容と同じです。「元利償還金等」とは、普通会計だけではなく、特別会計も合わせた借金（地方債）返済に使われた普通会計の額になります。それに対してここにある「算入公債費等」とは地方債に係る元利償還金及び準元利賞金に要する経費として普通交付税で措置された額と地方債の返済に充てることができる特定財源を合算した額を指します。そのた

図表3-23　財政状況資料集シート11「(9) 実質公債費比率（分子）の構造（市町村）」

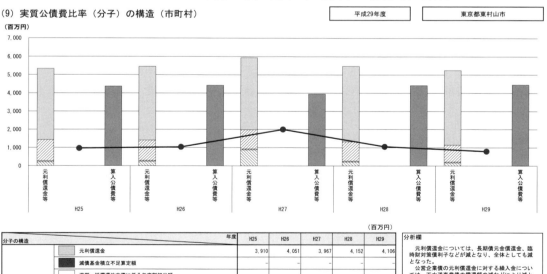

57

図表3-24　財政状況資料集シート3　「公債費負担の状況」（東村山市）

公債費負担の状況

実質公債費比率 （千円・%）					
区分		平成27年度	平成28年度	平成29年度	分母比
元利償還金		3,967,244	4,151,543	4,106,117	16.0
減債基金積立不足算定額		-	-	-	
準元利償還金	満期一括償還地方債に係る年度割相当額	-	-	-	
	公営企業債の元利償還金 に対する繰入金	1,042,577	1,052,774	923,869	3.6
	組合等が起こした地方債の元利 償還金に対する負担金等	58,373	57,567	55,129	0.2
	債務負担行為に基づく支出額（公債費に準ずるもの）	876,053	211,241	163,554	0.6
	一時借入金の利子	1,616	1,778	1,617	0.0
合計　　　　　　　(A)		5,945,863	5,474,903	5,250,286	
内訳		平成27年度	平成28年度	平成29年度	分母比
債務負担行為	PFI事業に係るもの	-	-	-	
	いわゆる五省協定等に係るもの	-	-	-	
	国営土地改良事業・森林総合研究所等が行う事業に係るもの	-	-	-	
	地方公務員等共済組合に係るもの	-	-	-	
	社会福祉法人の施設建設費に係るもの	42,967	29,460	29,460	0.1
	損失補償・債務保証の履行に係るもの	-	-	-	
	引き受けた債務の履行に係るもの	-	-	-	
	その他上記に準ずるもの	833,086	181,781	134,094	0.5
	利子補給に係るもの	-	-	-	
特定財源の額　　　　　　　(B)		998,817	1,406,893	1,351,339	
標準財政規模　　　　　　　(C)		28,621,511	28,634,690	28,705,473	
算入公債費等の額　　　　　(D)		2,953,309	3,010,144	3,105,800	
(C)－(D)		25,668,202	25,624,546	25,599,673	
実質公債費比率 ((A)－((B)＋(D)))／((C)－(D))×100	（単年度）	7.8	4.1	3.1	
	（3カ年平均）	5.2	5.3	4.9	

め、この「算入公債費等」に書かれている金額は財政状況資料集シート3にある「算入公債費等の額」に記述されている数値とは異なることに注意をしてください（**図表3-24**）。ここにある「算入公債費等」の金額は、シート3の「算入公債費等の額」に「特定財源の額」を足した金額になります。

それでは表の記述を踏まえてグラフをみてみましょう。グラフの左には元利償還金等があり、右には算入公債費等の金額が並んでいます。まずは実際に元利償還金等の金額の推移について確認してみましょ

う。東村山市では2013（平成25）年度から2017（平成29）年度の5年間にかけておおよそ50億円の元利償還金等の額で推移しており、2015（平成27）年度では、債務負担行為額が増えたことで元利償還金等の金額が増えていることが分かります。次に算入公債費等のグラフをみます。算入公債費等は実質公債費の分子のマイナスの要素なので、ここが高いほど実質公債費比率が下がります。もっといえば、元利償還金等よりも算入公債費等のグラフが高くなったら、実質公債費比率がマイナスになります。プ

第3章 財政状況資料集を読み解く

ラスの要素とマイナスの要素の両方をみて、実質公債費率の増減が元利償還金等にあるのか、算入公債費等にあるのかを把握してください。東村山市の2015（平成27）年度の実質公債費比率の上昇には、元利償還金等（債務負担行為額）が増えたこと、算入公債費等が減ったことの両方に要因があったとわかります。そして、元利償還金等－算入公債費等の額、つまり実質公債費率の分子が折れ線グラフで示されています。[*11]

11 「（10）将来負担比率（分子）の構造（市町村）」からみる将来負担比率のカラクリ

シート12「将来負担比率（分子）の構造（市町村）」には将来負担比率の分子のプラスの要素とマイナスの要素をグラフ化しています（図表3-25）。将来負担比率は、地方債現在高や債務負担行為、特別会計における負担の総額を指標化したものです。図表3-25の下の表をみてみましょう。将来負担額（A）が分子のプラスの要素、充当可能財源等（B）がマイナスの要素になります。そしてその差額（A－B）が折れ線のグラフで書かれています。

ここにある将来負担額（A）、充当可能財源等（B）の内訳は、財政状況資料集シート3の「(2)各会計、関係団体の財政状況及び健全化判断比率（市町村）」の「将来負担の状況」の将来負担額、充当可能財源等の内訳と同じになります。ただ単位がシート3では千円、シート10では百万円となっているので注意してください（図表3-26）。

将来負担額の内訳については皆さん理解

図表3-25　財政状況資料集シート12　(10) 将来負担比率（分子）の構造（市町村）

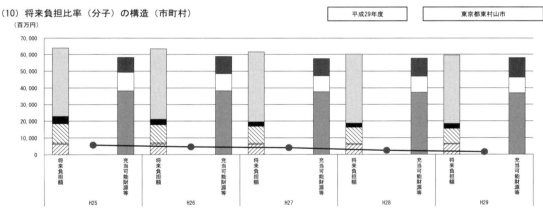

図表3−26 財政状況資料集シート3 「将来負担の状況」（東村山市）

将来負担の状況

将来負担比率

区分		平成27年度	平成28年度	平成29年度	分母比
将来負担額	一般会計等に係る地方債の現在高	42,115,925	41,460,506	41,140,730	160.7
	債務負担行為に基づく支出予定額	2,674,830	2,463,589	2,961,013	11.6
	公営企業債等繰入見込額	10,116,389	9,657,289	8,781,727	34.3
	組合等負担等見込額	691,311	585,436	487,404	1.9
	退職手当負担見込額	6,071,267	5,997,224	6,198,912	24.2
	設立法人等の負債額等負担見込額	−	−	−	−
	うち、健全化法施行規則附則第三条に係る負担見込額	−	−	−	−
	連結実質赤字額	−	−	−	−
	組合等連結実質赤字額負担見込額	−	−	−	−
	合計　　　　　　　　　　(E)	61,669,722	60,164,044	59,569,786	
充当可能財源等	充当可能基金	10,255,258	10,757,689	11,648,741	45.5
	充当可能特定歳入	9,532,024	9,639,877	9,440,302	36.9
	基準財政需要額算入見込額	37,719,342	37,310,607	36,925,163	144.2
	合計　　　　　　　　　　(F)	57,506,624	57,708,173	58,014,206	
将来負担比率((E)−(F))／((C)−(D))×100		16.2	9.5	6.0	

　しやすい項目になると思います。普通会計の債務、特別会計の債務に対して普通会計から負担する予定額、退職手当等将来支払うことが見込まれる額が主な内訳になります。しかし充当可能財源等（B）はなかなか理解が難しいと思います。そもそも充当可能財源等とは、将来負担額の返済に充てることができると想定される財源や、返済のために基準財政需要額に上乗せされる（交付税で措置される）ことが将来にわたって見込まれる額です。構成は充当可能基金、充当可能特定歳入、基準財政需要額算入見込額の3つで構成されます。充当可能基金とは地方自治法第241条で明記され

各償還金に充てることが可能な基金の総称です。充当可能特定歳入は、地方債の元利償還金等の財源に充当した特定の歳入（公営住宅使用料・都市計画税等）を指します。金額の大部分は都市計画税なので都市計画税だと捉えてよいでしょう。基準財政需要額算入見込額とは、地方債の償還等（元利償還金・準元利償還金）に要する経費として、将来にわたり、普通交付税の算定に用いる基準財政需要額に算入されると見込まれた額を指します。これらの充当可能特定歳入と基準財政需要額算入見込額は、とても複雑な計算方法によって計算した値でもあり、また将来にわたって算入することが

（千円・％）

内訳		平成27年度	平成28年度	平成29年度	分母比
債務負担行為	PFI事業に係るもの	－	－	－	－
	いわゆる五省協定等に係るもの	－	－	－	－
	国営土地改良事業に係るもの	－	－	－	－
	森林総合研究所等が行う事業に係るもの	－	－	－	－
	地方公務員等共済組合に係るもの	－	－	－	－
	依頼土地の買い戻しに係るもの	2,501,910	2,320,129	2,847,013	11.1
	社会福祉法人の施設建設費に係るもの	172,920	143,460	114,000	0.4
	損失補償・債務保証の履行に係るもの				
	引き受けた債務の履行に係るもの				
	その他上記に準ずるもの	－	－	－	－
企業債等繰入見込額	下水道事業特別会計	10,116,389	9,657,289	8,781,727	34.3
	その他の会計	－	－	－	－
公社・三セク等	地方道路公社に係る将来負担額				
	土地開発公社に係る将来負担額				
	地方独立行政法人に係る将来負担額				
	その他第三セクター等に係る将来負担額	－	－	－	－

見込まれる理論値でもあります。また、グラフをみても分かる通り、充当可能財源等の構成は、多くの自治体で基準財政需要額算入見込額が大部分を占めています。そのため、将来負担比率の分子を明確にするためには、自治体の基準財政需要額算入見込額が何を基準・根拠に見込んでいるのかを把握すること求められます。しかし、成長が見込めるか、生産年齢人口、都市計画税徴収の有無などで算定方法が異なるため、基準財政需要額算入見込額の算定にはバラツキがあります。さらに、地方交付税削減や地方交付税を通した財政誘導をさらに進める地方交付税制度の改定も想定できます。

そのため、充当可能財源等における基準財政需要額算入見込額をそのまま利用することには注意が必要だといえます。

また、充当可能財源等が将来負担額を超える自治体は3桁にも及びます。それらの自治体では、大口・小口の将来負担額があるにも関わらず、将来負担比率は「－」の表示となり、分析上は将来負担がないものであることを意味します。

これらの理由から、今のままでは将来負担比率は実態と離れた財政指標ともいえます。そのため、将来負担比率のみで判断するのではなく、将来負担額の推移から将来負担のあり方を考えたり、充当可能財源等

の本質、特に基準財政需要額算入見込額などの理論値の根拠を見極めることが今後の将来負担を考えることで重要となってきます*12。

12 「(11) 基金残高（東日本大震災分を含む）に係る経年分析（市町村）」からみるわがまちの備え

2017（平成29）年度財政状況資料集から、シート13に「(11) 基金残高（東日本大震災分を含む）に係る経年分析（市町村）」が加わりました。このシートをみる前に地方財政の基金をめぐる議論から、なぜこのシートが新しく加えられたのかを考えてみたいと思います。近年、国は地方財政の基金を貯めすぎではないかと考えています。例えば、2017（平成29）年度予算の編成等に関する建議では、「リーマン・ショック以降、地方では毎年度基金を取り崩しての歳出が行われる一方、それを上回る基金への積立が続いている。」と基金残高が増えている状況に対して問題視しています。基金残高について「地方公共団体における将来不安への備えや節約による部分もあり、多面的な見方が必要である一方、真に必要な額を超える財源保障が行われていた可能性があることも否めない。」と書かれています。つまり、国からみると地方は「基金に多く積み立てるほどお金が余っている。それならば臨財債発行可能額や地方交付税額を減らしてもいいだろう」と考えていることがわかります。こうした議論は、2018（平成30）年度予算の編成等に関する建議でもされました。ここでは、「基金をはじめとする財政に関する情報公開の改善」が指摘されたほか、「地方の基金残高は、21.5兆円と過去最高（平成28年度末）。各地方公共団体の基金残高の増加要因等を分析・検証し、国・地方を通じた財政資金の効率的配分に向け、地方財政計画への反映等につなげていく必要」があると指摘されました。ちなみに、財務省は、基金残高が増加している要因として、「まち・ひと・しごと創生事業費」等として配分された財源を使いこなせず、積み立ててしまっていることを挙げ、地方財政計画における「まち・ひと・しごと創生事業費」等の水準の妥当性等を検討・検証すべきとしています。さらに財務省は踏み込んで、「必要に応じ、地方公共団体の広域的な連携や合併等の更なる推進を検討・検証すべきではないか」とも指摘しており、これにはより一層の注意が必要です。

基金を問題視する流れを受けて、総務省は、2017（平成29）年11月に地方自治体へのアンケート調査とともに結果をまとめた「地方公共団体の基金の積立状況等に関する調査結果のポイント及び分析」を作成しました。総務省のウェブサイトからダウンロードできますので一度みてみてください。ざっと分析結果を紹介すると、2006（平成18）年度末と2016（平成28）年度末の地方公共団体の基金残高（東日本大震災分を除く）を比較すると、2006（平成18）年度末は13.6兆円、2016（平成28）年度末は21.5兆円であり、7.9兆円（うち都道府県3.1兆円、市町村4.8兆円）の増加となっていること。7.9兆円の増加のうち、後期高齢者医療財政安定化基金への積み立てや合併に伴う特例措置の終了に備えといった国の施策や合併といった「制度的な要因」による増加額が2.3兆円、景気の動向による法人関係税等の変動、人口減少による税収減、公共施設等の老朽化対策等、災害、社会保障関係経費の増大といった「その他の将来の

歳入減少・歳出増加への備え」による増加額が5.7兆円となっていること。基金積み立ての財源をどのように確保したかについては、都道府県では「国費関連分の増に対応」及び「行革、経費節減等により捻出した額」、市町村では「行革、経費節減等により捻出した額」及び入札差金など事業執行で発生した「歳出の不用額」との回答が多かったことを指摘しています。

現在の市町村の財政状況をみるとわかるように、決して余裕があるから基金に積み立てているのではなく、持続可能な財政運営を目指した結果として基金残高が増えているのです。ただし、きちんとした積み立ての計画を作り、それに基づいて基金運営をしていくことは大事なことです。自治体の会計は、家計のお財布と異なり、黒字が多いことや基金（貯金）が多いことがそのまま評価されるわけではありません。質の高い長期総合計画と財政計画を作り、それに基づいて財政運営をしていくことが大事なのです。そのため、闇雲に基金を積み立てることは良い財政運営といえません。むしろそれは予算編成の権限を持つ市長部局の責任放棄につながります。そのため市民側からみたら、その財政運営に基づいて正しく基金が運営されているのか、基金に関する財政計画は市民目線からみても妥当かをチェックする必要があります。そのためのツールとしてこの財政状況資料集シート13「基金残高に係る経年分析」をみる必要があります。

ではまずこのシートの左下をみると、わがまちが財政調整基金、減債基金のほかどういった基金を持っているのかを確認することができます。まず、その他特定目的でどういった基金があるのか、そしてその残高の推移を確認してみてください。ただ残念ながらこのシートには3カ年分しか掲載されていません。より深い分析には、もっと長いスパン（例えば10年）で経年分析する必要があります。可能であれば、もっと古いデータを広報でみたり、決算書から確認をしてみてください。

次にグラフをみてください。グラフは財政調整基金、減債基金、その他特定目的基金の積み上げ棒グラフになっています。単位は百万円です。このグラフをみたら経年的に基金が増えているのか、減っているのかがわかります。ただし、単位が百万円なので他団体や経年的比較が行いにくいです。そのため、シート9の「実質収支比率等に係る経年分析」と同じように標準財政規模で割ってみると良いかと思います。シート9では財政調整基金の標準財政規模比しかわかりませんでしたが、計算することで基金全体やそれぞれの標準財政規模比もわかります。可能であれば、標準財政規模比にしたグラフをエクセル等でつくってみてください。

シートの右側には基金に対する行政の考え方が示されています。増減理由とともに今後の方針が書かれています。今後の方針では、例えば「標準財政規模に対し○％の基金を確保する」と書かれているケースが多いです。これを検証するためにも標準財政規模比にしたグラフを作る必要があります。

分析欄に書かれた文章を読んだらわかるかと思いますが、まだ開始した初年度ということもあり記述が薄いです。単なるグラフの説明に終わっているケースがみられます。例えば、「財政調整基金の残高は標準財政規模の○％程度となるように努めること

としている」とあるならば、考えなくては
ならないことは、その目標と比べて現在は
どの程度なのか、もし足りないのであれば
具体的にどういった手段で目標を達成する
のかを予算説明書や当初予算を説明する広
報から確認する必要があります。[13]

注
1　大和田一紘・石山雄貴『四訂版 習うより慣れ
　ろの市町村財政分析』自治体研究社、2017、92ペ
　ージを参照。

2　同書86〜89ページを参照。
3　同書28〜31ページを参照。
4　同書32ページを参照。
5　同書43ページを参照。
6　同書44ページを参照。
7　同書34〜35ページを参照。
8　同書48〜49ページを参照。
9　同書121〜123ページを参照。
10　同書74〜79ページを参照。
11　同書84〜85ページを参照。
12　同書86〜89ページを参照。
13　同書90〜91ページを参照。

第4章

類似団体比較カード・財政状況資料集を用いた
財政分析の実例

第2章、第3章で財政状況資料集と類似団体比較カードの見方を確認してきました。実際にわがまちの財政状況資料集と類似団体比較カードをみて、財政の特徴やその背景にある施策や自然的条件、社会的条件を考えてみましょう。その一助として、これらの財政資料を用いた財政分析の実例を示します。以下では、福井県福井市、長野県松本市のデータを用いて財政分析をしました。両市の財政状況資料集・類似団体比較カードをダウンロードし、それらをみながら読み進めてもらえたら、理解がより進むと思います。

1 福井県福井市の財政状況

ここでは福井市の財政を2017年度の類似団体比較カード、財政状況資料集を用いて分析してみます。福井市は2019年（平成31年）4月1日に施行時特例市から中核市に移行した自治体です。人口は約26万、人口密度は496人で中核市のなかでは小規模な自治体です。

財政状況資料集シート1の「総括表（市町村）」をみると、福井市には一般会計のほか特別会計が15会計あり、福井市が関わる一部事務組合は8会計、地方公社・第三セクターは6会計あることがわかります。

普通会計の歳入歳出規模は、2017年度は約1090億円で推移していますが、前年度は1050億円程度で、この一年間で約40億円増えたことがわかります。形式収支は約7億4550万円、実質収支は約−1億3954万円です。実質収支が赤字のため、実質収支比率が−0.3％、つまり実質赤字比率が0.27％（0.3％）となっています。実質収支額は、これまでの財政運営を踏まえて現在赤

字か、黒字かを示しています。通常、自治体は実質収支額が赤字にならないよう基金の取り崩しなどをするので、実質収支額が赤字になる自治体はほぼありません。福井市の積立金現在高の財政調整基金をみると0になっており、財源が不足しても基金の取り崩しができない、かなり厳しい財政状況であることがわかります。また、単年度収支、実質単年度収支をみると、ともに2年連続赤字になっていたことがわかります。つまり、2017年に突然財政が悪くなったのではなく、以前から財政状況の悪化が続いており、その結果2017年度に実質収支が赤字になったと考えられます。また、経常収支率（赤字地方債を除く）をみると104％で、財政の硬直化が進んでいることがわかります。こうした財政状況の悪化はどこに要因があるのかを財政状況資料集のシート2以降で探っていきましょう。

シート2「普通会計の状況（市町村）」の左側にある歳入の状況をみます。ここから歳入四大財源は、地方税444億6503万円（40.6％）、国庫支出金163億5895万円（14.9％）、地方債115億6783万円（10.6％）、地方交付税109億404万円（10.0％）であることがわかります。右側の目的別歳出をみると、図表4−1の通り、決算額では民生費、土木費、公債費が高く、充当一般財源等の額をみると民生費、公債費、土木費の順に多く支出していることがわかります。性質別歳出は、図表4−2の通り、決算額では、扶助費、人件費、投資的経費の順に高く、充当一般財源をみると人件費、公債費、物件費の順で高いことがわかります。

次に類似団体比較カードをみます。人口一人当たりの歳入では、福井市は41万2948円、類似団体は36万7735円で福井市

第4章　類似団体比較カード・財政状況資料集を用いた財政分析の実例

図表4-1　福井市の人口一人当たりの目的別歳出の状況（2017年度）

（単位：円）

	決算額				充当一般財源等			
	当該団体	割合(%)	類似団体	割合(%)	当該団体	割合(%)	類似団体	割合(%)
議会費	2,569	0.6	1,961	0.6	2,534	1.0	1,960	0.9
総務費	35,620	8.7	36,251	10.2	26,054	9.9	29,087	12.8
民生費	153,656	37.5	146,381	41.1	73,156	27.9	69,663	30.7
衛生費	19,767	4.8	31,638	8.9	17,185	6.5	24,098	10.6
労働費	2,000	0.5	975	0.3	785	0.3	442	0.2
農林水産業費	12,606	3.1	5,020	1.4	6,672	2.5	3,293	1.4
商工費	9,245	2.3	8,340	2.3	4,779	1.8	3,020	1.3
土木費	72,819	17.8	41,461	11.6	41,405	15.8	26,470	11.7
消防費	16,450	4.0	12,127	3.4	12,581	4.8	10,767	4.7
教育費	35,985	8.8	40,475	11.4	28,745	10.9	27,403	12.1
災害復旧費	695	0.2	264	0.1	594	0.2	115	0.1
公債費	48,724	11.9	31,400	8.8	48,118	18.3	30,736	13.5
諸支出金	3	0.0	96	0.0	3	0.0	96	0.0
前年度繰上充用金	—		—		—		—	
歳出合計	410,138	100.0	356,388	100.0	262,610	100.0	227,150	100.0

出所：「平成29年度類似団体比較カード」より筆者作成。

図表4-2　福井市の性質別歳出の状況（2017年度）

（単位：千円）

	決算額		充当一般財源等	
	金額	割合(%)	金額	割合(%)
人件費	18,012,615	16.6	16,809,698	24.1
扶助費	25,448,892	23.4	7,623,976	10.9
公債費	12,924,530	11.9	12,763,865	18.3
物件費	13,503,300	12.4	11,110,240	15.9
維持補修費	4,896,417	4.5	3,517,148	5.0
補助費等	8,792,351	8.1	7,024,803	10.1
繰出金	9,970,275	9.2	8,584,103	12.3
積立金	7,303	0.0	2,357	0.0
投資・出資金・貸付金	1,722,873	1.6	128,968	0.2
前年度繰上充用金		0.0		0.0
投資的経費計	13,514,632	12.4	2,094,749	3.0
歳出合計	108,793,188	100.0	69,659,907	100.0

出所：「平成29年度市町村決算カード」より筆者作成。

の方が大きくなっております。内訳を比べてみると地方税、地方交付税、都道府県支出金、地方債の額が類似団体と比べて高いために、福井市の歳入が大きくなっていると読めます。また、類似団体と福井市の歳入の主な区分を比較すると、地方税の歳入に占める割合が小さいこと、地方交付税と都道府県支出金、地方債の金額、歳入に占

める割合が共に高いことがわかります。福井市は2017年に、台風21号の被害や豪雪被害を受けました。それらの災害復旧に関して特別交付金が交付されたため、地方交付税が増えています。また、豪雪被害や財源不足に対応するよう基金を取り崩したため繰入金も類似団体と比べ大きくなっています。また地方交付税普通交付金が多いのも、雪が多いことによる補正があることや市町村合併による合併算定替によるのではないかと考えられます。

　次に歳出をみると、義務的経費が占める割合は類似団体平均と比べ同程度ですが、規模が大きいため福井市の方が金額が高いことがわかります。特に公債費の支出が、類似団体と比べ大きくなっています。また投資的経費をみると、類似団体平均と比べ歳出に占める割合はほぼ変わらないものの、金額が大きくなっています。その他の経費をみると、維持補修費の額と歳出に占める割合が大きい一方で、積立金がほぼないことがわかります。投資的経費や維持補修費が類似団体と比べ金額が大きいことから、この年度は、災害によって破損したインフラや公共施設の修繕に多くの費用を要した、と考えられます。また、公債費の支出が多く、過去の起債が今の財政を圧迫していることがわかります。特に経常収支比率をみると公債費だけでも21.2％もあり、公債費によって財政の硬直化が起きていることがわかります。

　目的別歳出をみると、議会費、民生費、労働費、農林水産業費、土木費、消防費、災害復旧費、公債費の額が類似団体より高く、総務費、衛生費、教育費の額が少ないことわかります。ただし割合でみると、民生費は当該団体は37.5％、類似団体だと41.1％で民生費が歳入をさほど圧迫していないことがわかります。むしろ土木費、公債費が決算額、充当一般財源等で金額、割合共に高く財政を圧迫していることがわかります。

　普通会計の歳出状況の理解を深めるために経年的にみてみましょう。シート7の「市町村性質別歳出決算分析表（住民一人当たりのコスト）」をみてみます。経年的にみると、災害によって財政が急激に悪化したのではなく、災害以前から財政の悪化が始まっていたことがわかります。まず、性質別歳出のうち、義務的経費である人件費、扶助費、公債費を経年的にみてみます。ここにある5カ年のグラフをみると扶助費は増加傾向にあるが類似団体並みであり、人件費、公債費は類似団体より高い傾向にあります。人件費は、福井県平均や全国平均値よりは低いものの類似団体である施行時特例市の人件費が少ないため、類似団体のうち4番目に人件費が高くなっています。また、公債費も類似団体や全国平均、福井県平均より高い額となっています。さらに、これらの人件費、公債費の額の高さは経年的であることがわかります。普通建設事業費も2013年度～2015年度は類似団体と比べて高く、2016年度～2017年度は類似団体平均並みに下がってきています。参考までに過去の財政状況資料集をみると、2013年以前から普通建設事業費が高い傾向が続いていたことがわかります。

　次に目的別歳出の動向を把握するために、シート8の「市町村目的別歳出決算分析表（住民一人当たりのコスト）」をみてみます。2017年度は、類似団体と比べて、土木費（類似団体2位）、消防費（類似団体2位）の支出が特に大きいことがわかります。土

木費は、これまでの北陸新幹線に関連した開発事業によって金額が高くなってきていました。分析欄をみると、「平成27年度で大型開発事業が終わり、平成28年度に金額が下がってはいるが、類似団体と比べて依然として高くなっている。平成29年度は豪雪の除雪事業で増えている」と説明されています。また、消防費は2016年度では類似団体平均と同程度でしたが、「消防情報管制システム整備事業の事業費増で増えた」と説明されています。さらに、災害復旧費増加の要因は台風で、維持補修費増加の要因が豪雪の影響であると説明しています。

　経常経費について分析を進めていきます。財政状況資料集シート5の「(4)-1 市町村経常経費分析表」をみます。ここには各区分の経常収支比率が載っています。これまでみてきたように福井市は公債費が高い特徴を持ちます。そのため、公債費の経常収支比率も類似団体と比較し、高くなっています。

　普通会計の分析の最後に、財政状況資料集シート9「(7) 実質収支比率等に係る経年分析」をみてみましょう。分析欄では、2017年度の大雪について触れていますが、5年間の推移をみるとそれ以前から危うい状況だったことがわかります。実質収支比率は一般に3〜5%が望ましい、財政調整基金残高は標準財政規模の10%程度が望ましいといわれています。これは一般論で、財政調整基金を多めに積み立て、実質収支額を少なめにしたり、実質収支額を多めに確保しておき、財政調整基金が少ない時など各自治体の状況に合わせてやりくりをしています。しかし、そういったやりくりを考えても福井市は実質収支額、財政調整基金残高は共に少ないです。2014（平成26）年、

2016（平成28）年、2017（平成29）年で実質収支額、財政調整基金残高が減り、実質単年度収支額はマイナスになっています。実質単年度収支額がマイナスになったことについて、2016（平成28）年度の財政状況資料集では、「経済情勢等の影響により、法人市民税、配当割交付金、地方消費税交付金が減少、普通交付税も合併算定替による増加額の段階的縮減の開始のため減少したことにより、財源調整基金を5.9億円取り崩し、実質収支額の黒字を確保する結果となり、実質単年度収支についても赤字となった」と説明しています。

　こうした普通会計の分析から、以下のことが考えられます。これまで開発事業を長年続けてきたことにより、普通建設事業費が毎年財政を圧迫してきました。普通建設事業費は通常、地方債を起こしそれを財源に充てます。そして、起債した債務は後年、公債費として償還しています。そのため、これまでの開発事業の蓄積によって、現在でも公債費が多く財政が硬直化してしまっており、地方債現在高も類似団体と比べ多く積み上がっています。そうしたことを背景に、ここ数年、十分な積立金を確保する余裕がなかったのではないかと考えられます。その結果、災害への備えがなく、実質収支額が赤字になってしまったと考えられます。財政状況資料集では詳細がわかりませんが、地方交付税の合併算定替の縮減が2016年度から始まっています。今後段階を経て、地方交付税が減っていくことから、かなり厳しい財政状況が続く状況にあるといえそうです。

　次に、公営事業会計の収支状況をみてみましょう。財政状況資料集のシート3「(2) 各会計、関係団体の財政状況及び健全

化判断比率（市町村）には、各会計の収支状況を載せています。左上の一般会計等の財政状況には、実質収支が赤字のため、▲160百万円と載っています。次に公営企業会計等の財政状況をみると、国民健康保険特別会計が赤字になっていることがわかります。一方で下水道事業会計、ガス事業会計、水道事業会計では黒字を多く出しています。そのため、すべての会計を連結すると赤字分よりも黒字分が多く、連結実質収支額が▲160＋9652＝9492百万円（94億9200万円）で、連結実質収支額が「－」となっています。ただし（多くの自治体でもいえることですが）、水道事業会計における歳入の1/3程度が普通会計からの繰出金であり、歳入歳出規模の何倍もの地方債残高があります。健全な財政に向けた運営を考える必要があります。

　ではシート3の下部にある公債費負担の状況、将来負担の状況をみましょう。公債費負担の3カ年分をみると借金の返済にあたる元利償還金額と準元利償還金の合計額が減ってきていることがわかります。普通会計から公営事業会計への繰出金、補助費等のなかには、公債費として使われる額があります。それが準元利償還金の多くを占めます。つまり、実質的な普通会計における借金返済の額というのは、公債費＋繰出金と補助費等の一部ということになります。福井市では、元利償還金128億112万円と準元利償還金35億5069万7千円を合わせた163億369万4千円が普通会計のうち実質的な借金返済に使われたということです。

　一方で、算入公債費等の額も増えてきています。起債した債務のなかには、国が地方交付税（実際には地方交付税算定に係る基準財政需要額）を上乗せして償還を補助

する分があります。算入公債費等はその年の借金返済に対して交付税が上乗せされた額を示すのですが、福井市では、その額が増えていることがわかります。そのため、実際の元利償還金額と準元利償還金の負担が緩和され、実質的な公債費負担額（表でいう（A）－（（B）＋（C）））が減り、実質公債費比率も1%程度減ってきています。ただし、類似団体比較カードをみると、類似団体平均の実質公債費比率は5%なので高い状況にはかわりなく、どうやって実質公債費比率を下げていくのかを考える必要があります。

　合わせて、実質公債費比率を経年的にみるために財政状況資料集シート11の「実質公債費比率（分子）の構造」をみてみましょう。これをみると僅かですが実質公債費比率の分子の額が減ってきていることがわかります。主な要因としては表や分析欄から、公営企業債の元利償還に対する繰入金が減ってきたことにあると考えられます。

　次に将来負担の状況をみます。財政状況資料集シート3の「将来負担の状況」と財政状況資料集シート12の「将来負担比率（分子）の構造（市町村）」をみてください。将来負担比率の分子は、将来負担額－充当可能財源等です。将来負担額は主に一般会計における地方債現在高です。充当可能財源等の多くは、基準財政需要額算入見込額です。例えば、臨時財政対策債や合併特例債の交付税措置分がこの基準財政需要額算入見込額に入ってきます。まず、将来負担額をみるとこの3年間減ってきていることがわかります。特に、公営企業会計債に対する普通会計負担分が減っています。ただ、一般会計等における地方債現在高はなかなか減らすことができていないこともわかり

ます。類似団体比較カードをみると、類似団体平均の一人当たりの地方債残高は31万3482円に対し、福井市は57万9340円で高い状況が続いています。

将来負担比率の分子におけるマイナスの要素である充当可能基金も減っています。特に2016年度から2017年度では83億1178万6千円から48億6897万1千円に充当可能基金を減らしています。その結果、将来負担比率が上がり、2017年度では、117.7％となっています。施行時特例市の将来負担比率平均を試算（将来負担比率が「－」の場合、0.0％として計算）すると38.9％ですので、類似団体と比べてかなり高い状況にあることがわかります。また、特例市の中でも最も将来負担比率が高い自治体が福井市です。

ところで、財政健全化比率は、「地方公共団体の財政の健全化に関する法律」に基づき、前年度決算におけるその4つの財政指標を議会に報告し、市民に公表することが義務付けられています。福井市では、資料「平成29年度決算に基づく健全化判断比率等をお知らせします」と広報で財政健全化比率の状況を市民に公開しています。そこでは、「本市はいずれも国が定めた財政運営に関する基準を下回っています。今後も、財政の健全化に取り組み、効率的で効果的な財政運営に努めていきます。」と書かれ、国のイエローカード、レッドカードの基準、当該団体の4指標が書かれています。そうした記載の仕方は福井市だけではなく、多くの自治体で共通します。ただ、先に説明した通り、国のイエローカード、レッドカードの基準を上回る自治体はほぼありません。そのため、健全化判断比率に対する評価がこれだけしかないと、こうした課題を持つ財政状況にも関わらず、国が定めた財政運営に関する基準を下回っているから安心だと思ってしまいます。それでは自治体の財政構造の姿がみえません。これで健全化判断比率を公表したといっていいのでしょうか。例えば、三重県四日市市の広報では、全国平均値と経年的推移が載っています。健全化判断比率を市民にわかりやすく伝えるためには最低でもこうした記述が必要です（**図表4−3**）。

最後に、シート13の「基金残高（東日本大震災分を含む）に係る経年分析（市町村）」をみてみましょう。おさらいになりますが、この分析表からも、財政調整基金を2016年に5億円、2017年に20億円取り崩した結果、2017年に財政調整基金が無くなってしまったことがわかります。そうした状況に対し市は「今後は、平成30年度に策定した財政再建計画に基づき、基金繰入に頼らない収支均衡した財政構造を確立し、財政調整基金を計画的に積み立てていくことを予定している」と今後の方針について説明しています。

これまで福井市の財政状況資料集と類似団体比較カードから福井市財政の課題を検討してきました。福井市でも実質収支額が赤字になったことをうけて「福井市財政再建計画」を策定しました。詳細はウェブサイト等で確認してください。財政目標に向けてどのような計画が立っており、それがどう遂行されているのか、財政状況資料集からもチェックしていくことが必要です。

図表4-3 四日市市広報（2018年12月上旬号）

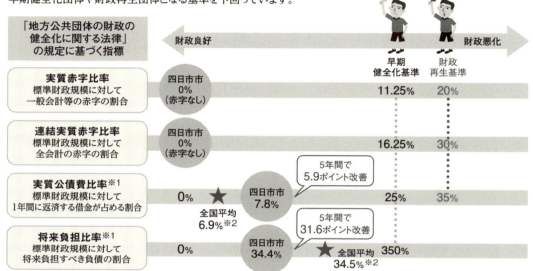

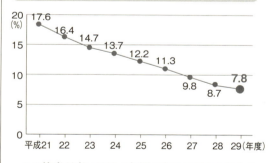

この比率が高いほど、1年間の収入に対する借入金の返済額の割合が大きく、財政の弾力性が乏しい（社会経済や行政需要の変化に適切に対応していくゆとりがない）ということになります。

本市は、新たな市債発行（借金）の抑制に努めた結果、毎年比率が改善しています。しかし、平成28年度の全国平均6.9％と比較すると未だに高い数値であるため、今後も引き続き改善に取り組みます。

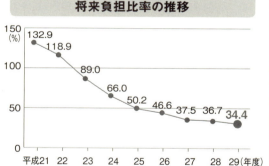

この比率が高いほど、財政規模に比べて将来負担すべき支出が大きくなり、今後、財政を圧迫する可能性が高くなります。

本市の比率は34.4％と、平成28年度の全国平均34.5％を下回っており、健全な数値となっています。今後も引き続き、市債残高の削減に努めていきます。

出所：四日市市ウェブサイト「平成30年度の広報よっかいち」。

2　長野県松本市の財政状況

　ここでは、長野県松本市を事例に類似団体比較カード、財政状況資料集を用いて財政分析を行います。松本市の人口は24万342人（2018年）の施行時特例市です。

　まずはじめに、2017年度の松本市の財政状況資料集のシート1の下段をみてください。松本市の会計は、一般会計等のほか、14つの公営事業会計や、松本市に係る一部事務組合の会計が14会計、地方公社・第三セクター等の会計12会計があることが分かります。また、霊園特別会計が一般会計等（普通会計）にあたる会計であることもわかります。

　松本市の歳入総額は、2017年度で約914億円で、それは2016年度から約4億円少ない額です。歳入総額から歳出総額を引いた形式収支は約16億8420万円、実質収支は約15億9121万円です。実質収支比率は2.8％であり、黒字の財政運営を行っていることがわかります。次に、松本市の貯蓄や債務状況をみてみます。財源調整機能を持つ財政調整基金と用途が決められている特定目的基金は、前年度より金額が増えています。一方で、地方債の返済に充てる減債基金は2016年度より減少しています。しかし、財政調整基金、特定目的基金の増加分が多いため、積立金現在高総額でみると増加しています。松本市の地方債現在高は約758億円で、前年度の約787億円から約29億円、地方債現在高を減らしています。合わせて、類似団体比較カードをみてみると、松本市は地方債現在高と積立金現在高ともに、類似団体よりも高いことが分かります。

　次に、財政状況資料集のシート9の「(7)実質収支比率等に係る経年分析（市町村）」をみてみます。このシートでは、財政調整基金残高の標準財政規模比と実質収支額の標準財政規模比（実質収支比率）から自治体の財政運営のやりくりを分析しています。実質収支比率は経験値として3～5％が望ましいとされ、常時5％以上を超える場合は、収入が当初より上回ったかまた歳出の不用額が多く出てきたことで市民のニーズに応えた財政運営が行えていないことを意味します。一方で財政調整基金は財源の年度間の変動に備え積み立てる基金であり、財源にゆとりがある場合積み、財源が厳しい場合取崩し、財源の変動を調整するものです。一般的に財政調整基金残高の標準財政規模比は、県で5％、市町村で10％が望ましいとされています。このシート9のグラフや表から、財政調整基金が増加していることや、実質収支比率が経験上望ましいとされている3～5％の範囲内で推移していることがわかります。そのため、ある程度ゆとりを持った財政支出を行っていると考えることができます。

　次に、財政状況資料集シート10「(8)連結実質赤字比率に係る赤字・黒字の構成分析（市町村）」をみてみます。シートのグラフの「黒字額」には各会計の黒字額が標準財政規模比で示されています。反対に「赤字額」は各会計の赤字額が標準財政規模比で示されています。グラフの下の表をみてみると松本市は「下水道事業会計」「水道事業会計」の二つは、2013年から2017年まで黒字が大きいことがわかります。分析欄をみると「下水道事業会計では標準財政規模比が前年度に対して約0.9ポイント増と大きな伸びがみられるが、今後、設備の老朽化に伴う更新費用が見込まれることか

ら、予断を許さない状況である」とコメントしています。一般的に下水道の標準耐用年数は、通常の下水環境下で適切に維持管理が行われる場合、管渠及びポンプ場、処理場の土木・建築構造物で50年、機械・電気設備で10～30年とされています。下水道の老朽化が進むと汚水処理にかかる費用の増加や管渠の破劣を起因とする道路の陥没、周囲環境の衛生に関する問題など私たちの生活に危機を及ぼします。このような状態にならないためにも計画的な維持管理（ストックマネジメント・アセットマネジメント）が必要になります。分析欄から松本市では、下水道の老朽化に対する対応を見込んでいることが分かります。全体的にみると2015年度の「国民健康保険特別会計」以外の会計はすべて黒字で運営しているので、連結実質赤字は発生していません。

ここまで財政状況資料集のシート1、シート9、シート10をみたかぎりでは、松本市では財政運営に課題があまりないようにみえます。しかし、普通会計の歳入・歳出状況をみてみるといくつか課題がみえてきます。財政状況資料集のシート2「普通会計の状況」をみてください。このシートには、決算カード同様に普通会計の歳入と歳出の内訳が記されています。松本市の4大財源は、地方税366億2348万円（40.1％）、国庫支出金111億5693万円（12.2％）、地方交付税146億2934万円（16.0％）、地方債72億6370万円（7.9％）であることがわかります（括弧内は歳入決算額に占める割合）。この4大財源について類似団体比較カードをみてみると、松本市の歳入の特徴がみえてきます。一つ目の特徴は、地方交付税の額が類似団体より大きいことです。2017年度の類似団体比較カードをみると松

本市は人口一人当たり6万869円、類似団体平均値では2万9423円と松本市は類似団体平均の約2倍の数値となっていることがわかります。地方交付税交付額が大きい理由に合併があると推測できます。松本市は、2005年に四賀村、安曇村、奈川村、梓川村、2010年に波田町と合併しました。2005年の合併は、10年間合併前の市町村ごとに算定した地方交付税の総額が配分される合併算定替制度に対応する合併なので、それよって地方交付税額を押し上げていることが要因だと推測できます。ただし、その詳細を調べるためには、「地方交付税算定台帳」をみる必要があります。二つ目の松本市の特徴は、経常一般財源等が類似団体より大きいことです。類似団体比較カードをみると、松本市は23万152円、類似団体の19万6812円で類似団体よりも約3万円高いことが分かります。その内訳をみると「地方交付税」「地方譲与税」の経常一般財源等の額が特に高くなっています。

次に、歳出に着目します。財政状況資料集のシート2をみると、目的別歳出の決算額及び充当一般財源は、民生費、公債費、総務費の順に多く支出しており、その額は**図表4-4**の通りです。

性質別歳出は、決算額では、扶助費、人件費、物件費の順に高く、充当一般財源をみると人件費、公債費、物件費の順で高く、その額は**図表4-5**の通りです。

図表4-4　松本市の目的別歳出上位3費目

（単位：千円）

決算区分	決算額	充当一般財源等
民　生　費	33,963,572	17,868,963
公　債　費	10,703,687	10,515,323
総　務　費	10,386,234	9,196,392

出所：「平成29年度財政状況資料集」より筆者作成。

第4章　類似団体比較カード・財政状況資料集を用いた財政分析の実例

図表4-5　松本市の性質別歳出上位3費目
（単位：千円）

性質別歳出			
決　算　額		充当一般財源等	
区分	決　算　額	区分	充当一般財源等
扶助費	17,292,242	人件費	13,484,334
人件費	14,872,473	公債費	10,515,000
物件費	12,041,484	物件費	9,692,858

出所：図表4-4に同じ。

図表4-6　松本市の目的別歳出上位3費目の
類似団体との比較
（単位：千円）

決算区分	決　算　額 （人口一人当たり）	類似団体決算額 （人口一人当たり）
民　生　費	141,314 円	146,381 円
公　債　費	44,535 円	31,400 円
総　務　費	43,214 円	36,251 円

出所：「平成29年度類似団体比較カード」より筆者作成。

　松本市の歳出に占める割合が多い民生費、公債費、総務費の類似団体の状況について類似団体比較カードを用いてみてみましょう（**図表4-6**）。すると、この上位の費目のうち公債費が、類似団体と比較して差が大きいことがわかります。では、それが長年そうであるのか一過性なのかを確認するために経年的にみてみましょう。財政状況資料集のシート7、8の「市町村性質別歳出決算分析表（住民一人当たりのコスト）」、「市町村目的別歳出決算分析表（住民一人当たりのコスト）」に公債費を経年比較するグラフがあります。このグラフをみるとここ5年間、類似団体と比べ松本市の公債費が

高いことがわかります。また、その額は同一類型のなかで6番目に高いことが分かります。

　公債費は一般財源等に充てられるため、自治体の財政の弾力性に関わってきます。この財政構造の弾力性を測るのが経常収支比率です。松本市の経常収支比率を理解するために、決算カードや財政状況資料集を複数年集め、経常収支比率の内訳を経年的にみてみましょう。おさらいですが、経常収支比率の計算方法は二つあります。一つ目が経常経費充当一般財源等を分子、経常一般財源等計を分母とし、100をかけた値です。二つ目は経常一般財源等計に赤字地方債（主に、臨時財政対策債）を加えた合

図表4-7　松本市の性質別歳出における経常収支比率（臨時財政対策債を含む）の内訳と推移
（単位：％）

年度	繰出金	補助費等	維持補修費	物件費	公債費	扶助費	人件費
H29(2017)	21.9	8.7	16.9	12.6	11.9	10.1	
H28(2016)	22.0	8.8	17.8	12.1	12.1	10.2	
H27(2015)	21.5	8.4	17.5	11.4	12.0	9.8	
H26(2014)	22.0	8.2	18.1	11.7	11.6	10.4	
H25(2013)	21.0	8.0	18.8	11.0	12.4	10.3	
H24(2012)	22.2	7.8	18.7	11.0	12.3	10.2	
H23(2011)	22.4	7.1	18.7	10.9	13.9	9.8	
H22(2010)	22.4	7.0	18.4	10.5	14.0	9.2	
H21(2009)	24.1	6.7	19.9	11.0	14.5	9.7	
H20(2008)	23.8	6.4	21.0	11.3	13.9	9.7	
H19(2007)	24.1	6.2	20.7	11.1	13.9	9.0	

出所：「松本市決算カード」より筆者作成。

図表4-8 松本市の経常収支比率における「公債費」の類似団体順位及び推移

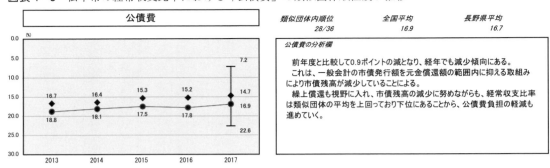

出所：財政状況資料集シート5「(4)-1市町村経常経費分析表」より。

図表4-9 住民一人当たりの「公債費」の負担額の類似団体比較

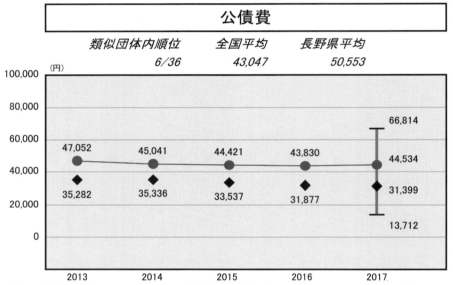

出所：財政状況資料集シート7「(5)市町村性質別歳出決算分析表（住民一人当たりのコスト）」より。

計を分母とした値です。**図表4-7**は各経常経費の経常収支比率（臨時財政対策債を含む）を示したグラフです。過去10年間で公債費の割合は約16～21％を占め、経常収支比率を構成する経常経費で、2番目に高いことが分かります。この経常収支比率の公債費の割合について類似団体や長野県内ではどのようになっているのか財政状況資料集のシート5「(4)-1市町村経常経費分析表（普通会計決算）」（**図表4-8**）とシート7の「(5)市町村性質別歳出決算分析表（住民一人当たりのコスト）」（**図表4-9**）を確認してみましょう。シート5の「公債費」グラフをみると、公債費の経常収支比率が、松本市は類似団体順位の中で36団体中28番目に低い（9番目に高い）ことがわかります。

また、松本市の経常収支比率の構造で類似団体と異なる点は「補助費等」にもあります。**図表4-10**は松本市と類似団体の「補助費等」の経常収支比率を比較した表です。これらをみると松本市と類似団体の違

図表4-10　松本市と類似団体における「補助費等」の
経常収支比率の比較

(単位：%)

	経常収支比率（松本市）	経常収支比率（類似団体）
一部組合負担金	4.80%	1.90%
上記以外のもの	7.10%	7.90%
補　助　費　等	11.90%	9.70%

出所：図表4-6に同じ。

いは「補助費等」の一部事務組合負担金にあることが分かります。最初に確認した通り、松本市は、一部事務組合等を14会計持っており、比較的多いです。そのため、一部事務組合への負担金・補助金が「補助費等」の金額を高めていることが考えられます。

　次に、目的別歳出をみてみます。類似団体比較カードをみると、松本市は「商工費」「農林水産業費」「教育費」が類似団体と比較して高いことがわかります。「農林水産費」は農業費、畜産業費、水産業費、林業費、農地費の5つの支出を指します。また「商工費」は商工会議所の建設や商業に関する支出を指します。また、松本市は決算額充当一般財源等の額をみると「農林水産費」は5529円に対し類似団体は3293円、「商工費」は6526円に対し類似団体3020円と約2倍の一般財源を充てていることが分かります。決算額充当一般財源等の額が類似団体と比較して額が多いことから、国や県の補助金で産業振興に頼るのではなく、松本市独自に産業振興をしていることが推測できます。つぎに「教育費」をみてみます。教育費は、幼稚園、小学校、中学校等の学校教育関係に係る経費と公民館などで行う生涯学習の運営に係る経費を指します。松本市の教育費の「決算額のうち普通建設事業費」の金額は類似団体と同程度であることから、教育施設の改修・建築などのハ

ード面も類似団体と同程度整備しているといえます。一方で、松本市の教育費の「決算額充当一般財源等の額」は、3万2200円と類似団体より高いことが類似団体比較カードから読みとれます。教育費における「決算額充当一般財源の額」が高いということは、教育の質の向上に関するソフト面の費用が高いことを意味します。つまり松本市は、教育施設の改修や改築などの教育のハード面だけではなく、学校管理費や教育振興費など教育の質に関するソフト面も手厚く保障しているということがいえます。

　これまで、財政状況資料集と類似団体比較カードを用いて松本市の財政状況をみてきました。その結果、松本市は公債費が高いという課題がみえてきました。

　次に財政状況資料のシート11とシート12を使い、借金の返済とその将来負担がどうなっているのかをみてみます。シート11には実質公債費比率が分析されています。実質公債費比率は、普通会計だけではなく、公営事業会計、一部事務組合などの各会計の借金の返済額が関わります。グラフの左側の「元利償還金等」に各会計の借金の返済額が示されています。松本市の場合、借金の返済額の大部分が「元利償還金」と「公営企業債の元利償還金に対する繰入金」になります。実質公債費率の分子の額は2013年から2014年にかけて「元利償還金」「公営企業債の元利償還金に対する

繰入金」が減少し、その後横ばいとなっています。松本市の2017年度実質公債費率は4.8％で、類似団体の5.0％と同程度になっています。

　次にシート12から将来負担の状況をみます。将来負担額は「一般会計等に係る地方債の現在高」、「債務負担行為に基づく支出予定額」、「公営企業債等繰入見込額」、「組合等負担等見込額」、「退職手当負担見込額」、「設立法人等の負債額等見込額」の5つからなります。しかし、松本市の場合は、シートをみて分かるように「一般会計等に係る地方債の現在高」「公営企業債等繰入見込額」「退職手当負担見込額」から成り立っています。2013（平成25）年度から将来負担額は「一般会計等に係る地方債の現在高」と「公営企業債等繰入見込額」の額が減少することで微減傾向にあります。一方、充当可能財源等は、「充当可能基金（積立金現在高）」、「充当可能特定歳入」、「基準財政需要額算入見込額」の3項目で構成されています。松本市の充当可能財源等の多くは、「基準財政需要額算入見込額」となっています。松本市は2013年では将来負担額と充当可能財源等がほぼ同額でした。その後、「基準財政需要額算入見込額」の減少以上に「充当可能基金（積立金現在高）」が増えたことで、「充当可能財源等」が増加し、さらに将来負担額が微減しました。これらの結果、「将来負担比率の分子」の額が減少し、2013年度以降から将来負担比率はなくなり「－」として記されています。

　最後に、シート13の「基金残高（東日本大震災分を含む）に係る経年分析（市町村）」をみてみましょう。分析表の右側には、財政調整基金、減債基金、その他特定目的基金の増減理由と今後の方針が載っています。左側には3年分の各基金の推移を表すグラフが載っています。分析表をみると松本市では、「財政調整基金・減債基金合計で120億程度の額を確保しつつ、建設の予定される大型事業や、老朽化している施設の更新のため、各特定目的基金への積み増しを行っていく」ことを今後の方針としていることがわかります。ここ3カ年の積立金の状況をみると180億円以上の積み立てをしており、その額を増やしています。あわせて類似団体比較カードをみてみましょう。類似団体比較カードの右下には、人口一人当たり積立金・地方債現在高・債務負担行為の状況が載っています。これをみると松本市の人口一人当たりの財政調整基金・減債基金残高は類似団体と比べかなり多いことがわかります。財政調整基金・減債基金の目標値と比べ、かなり多く積み立て過ぎている状況は、財政運営上あまり望ましいことではありません。それは、本来使うべきはずの歳入を使っていない、予算立てをするべき事業について執行していないなどが考えられるからです。そこで市としても、これらの積立金に対し、「使途の明確化のために、特定目的基金への積み替えも検討していく予定」としています。また、特定目的基金も類似団体と比べてかなり多くなっています。松本市の特定目的金の内訳をみると、庁舎建設（松本市庁舎建設基金）や博物館建設に関する基金（芸術文化振興基金）が増えていることがわかります。分析表の今後の方針をみると、松本市庁舎建設基金について、「H37年度供用開始を予定する新庁舎建設に備え、事業費が未定であるため、可能な限り毎年度積立を進めていく予定」とあり、基金を増やしていくことが想定されます。庁舎建設は、多額の財政調

整基金が必要になる一方でまちのシンボル
になる大切な公共施設です。市民目線から
すると不必要な建て替えがされたり、身の
丈に合ってない建設計画が立てられ、それ
が後年までの市民負担となっている自治体
も少なくありません。そのため、市民目線
で慎重な建設計画の策定が必要になります。

　今まで松本市の類似団体比較カードと財
政状況資料集を使って財政分析をしてきま
した。その結果、松本市は性質別歳出から
みて「公債費」が高いことなどの財政構造
の特徴があることが分かりました。また、
財政運営について財政状況資料集のシート
9からシート12をみると、財政のやりくり
度や健全化判断比率等は、松本市は施行時
特例市の中で平均的な水準であると考えら
れます。

第5章

地方交付税のしくみと意義

1　地方交付税の概要

1　地方交付税の役割

　地方交付税は、多くの自治体にとって大切な財源となっています。しかし、地方交付税制度は基本的に国の動向で左右され、その時々の国の意向が地方交付税額や算定方法に反映されます。そのため、近年の地方交付税をめぐる動向から、地方交付税制度の基本を理解することは、わがまちの財政全体をつかむ上でも、とても大事なことになります。

　地方交付税制度について総務省は、「本来地方の税収入とすべきであるが、団体間の財源の不均衡を調整し、すべての地方団体が一定の水準を維持しうるよう財源を保障する見地から、国税として国が代わって徴収し、一定の合理的な基準によって再配分する、いわば『国が地方に代わって徴収する地方税』（固有財源）という性格をもっています」と説明しています。一般財源の主たる地方税額は、各自治体に住む住民や、立地している事業所の数や経済活動の状況によって異なります。そのため、人口が多く経済活動が盛んな都市部ではその額は多いのですが、経済活動が盛んではない地方ではその額が少なく、地方税だけでは最低限の行政サービスを行うための財源が不足しています。そこで、地方間での格差を出来るだけ少なくし、財源が不足する自治体でも最低限の行政サービスを実施するための財源を確保しようと制度化されたのが地方交付税制度です。現在でも**図表5-1**の通り地方税額には格差があり、地方税額が少ない自治体ほど多く、地方交付税を交付することで自治体間の財源を調整し、財

図表5-1　人口一人当たりの税収額の指数（2016年度決算額）

出所：総務省「平成30年版地方財政白書ビジュアル版」より筆者作成。

第5章　地方交付税のしくみと意義

図表5-2　歳入の区分

	自主財源	依存財源
一般財源	地方税	地方譲与税、地方消費税交付金 地方特例交付金 地方交付税など
特定財源	分担金・負担金、使用料 手数料、繰入金、繰越金など	交通安全対策特別交付金 国庫支出金 都道府県支出金、地方債など

出所：筆者作成。

源を保障しています。

　自治体の歳入は大まかに二つの分け方があります。それは「一般財源と特定財源」、「自主財源と依存財源」というわけ方です。一般財源は、各自治体の裁量で自由に使えるお金を指し、地方税や地方交付税などがここに分類されます。この一般財源の割合が大きいほど自主的な運営がやりやすくなります。特定財源は、主に国や都道府県が決定したまちづくりの方針を市町村で実行するために、国や都道府県から市町村に入るお金です。そのため、用途目的があらかじめ決められて入ってきます。国庫支出金や都道府県支出金がここに分類されます。

　一方で、自主財源は各市町村が自ら徴収したお金であり、地方税のほか使用料、手数料などがそこに分類されます。自主財源が多いほど、安定的な財政運営ができるといわれています。依存財源は国や都道府県から得られるお金であり、地方交付税や地方譲与税、国庫支出金、都道府県支出金などがここに含まれます。この二つの分類を図示したものが**図表5-2**です。これをみると、地方交付税は一般財源であり、依存財源として位置付けられていることがわかります。つまり、地方交付税は国から各市町村へ交付される各市町村が自由に使える財源であるといえます。

　地方交付税法では、「地方自治の本旨の実現に資するとともに、地方団体の独立性を強化すること」を地方交付税制度の目的としています。そのため、本来であれば地方自治や地方分権を保障していく観点から地方交付税額を決定する必要があります。しかし、現在では地方交付税制度が、地方創生政策や公共施設再編などのトップダウンで進める政策を地方に浸透させていくために使われています。国主導の政策方針に対し、国の基準をクリアする計画策定や施策実施する自治体には、地方交付税を上乗せ（地方交付税措置）することで、政策を進めることへのインセンティブをつけているのです。地方税が少なく、地方交付税を確保することが財政運営上欠かせない小さな自治体のなかには、地方交付税を多く得るために、地方交付税措置のある国が用意した政策方針に乗っかり、まちづくりを進めざるを得ない自治体も存在します。その結果、地方交付税制度が中央集権化の手段として位置付けられてきています。

2　地方交付税額の推移

　地方交付税総額のうち94％は普通交付税、6％は特別交付税とされています。普通交付税は各地方団体の基準財政需要額と基準財政収入額を算定し、その財源不足額（基準財政需要額−基準財政収入額）を基準として交付されます。基準財政収入額が基

83

図表 5−3 普通交付税不交付団体一覧表（2018 年度）

1 道府県分 東京都
2 市町村分

都道府県	不交付団体名						不交付団体数	（参考） H29 交付団体→H30 不交付団体
北 海 道	泊村						1	
青 森 県	六ヶ所村						1	
宮 城 県	大和町	女川町					2	大和町
福 島 県	広野町	大熊町					2	
茨 城 県	つくば市	守谷市	神栖市*	東海村			4	守谷市
栃 木 県	上三川町	芳賀町					2	上三川町
群 馬 県	大泉町						1	
埼 玉 県	戸田市	和光市	八潮市	三芳町			4	
千 葉 県	市川市 印西市*	成田市*	市原市	君津市	浦安市	袖ケ浦市	7	印西市
東 京 都	立川市 国分寺市	武蔵野市 国立市	三鷹市 多摩市	府中市 瑞穂町	調布市	小金井市	10	
神奈川県	川崎市 中井町	鎌倉市 箱根町	藤沢市 愛川町	厚木市	海老名市	寒川町	9	愛川町
新 潟 県	聖籠町	刈羽村					2	
福 井 県	高浜町	おおい町*					2	
山 梨 県	昭和町	忍野村	山中湖村				3	
長 野 県	軽井沢町						1	
静 岡 県	富士市*	御殿場市	湖西市*	長泉町			4	富士市
愛 知 県	岡崎市* 東海市 大口町	碧南市 大府市 飛島村	刈谷市 日進市 武豊町	豊田市* みよし市 幸田町	安城市 長久手市	小牧市 豊山町	16	武豊町
三 重 県	四日市市*	川越町					2	
滋 賀 県	竜王町						1	竜王町
京 都 府	久御山町						1	
大 阪 府	田尻町						1	
福 岡 県	苅田町						1	

市町村合計 77 団体（2017 年度 75 団体）
3 合 計 78 団体

出所：総務省「平成 30 年度 不交付団体の状況」http://www.soumu.go.jp/main_content/000565916.pdf 最終閲覧日 2019 年 6 月 12 日。

準財政需要額を上回る不交付団体、つまり財政力指数が 1 以上の市町村は 2018 年度で 77 団体あります（**図表 5−3**）。特別交付税は、災害等の臨時的・突発的な経費や普通交付税の算定時には捕捉困難な経費に対応し、特別の財政需要を基準に配分されます。

例えば、2016 年度では、1 兆 530 億円（うち市町村分約 853 億円）の特別交付税を計上しています。その主な内訳は、熊本地震や鳥取県中部地震、台風からの復旧や応急対応等に要する経費や熊本地震復興基金設立経費などの災害関連経費として 1280 億円

第5章　地方交付税のしくみと意義

図表5-4　地方交付税率の変遷

（単位：%）

改正年度	所得税	法人税	酒税	消費税	たばこ税	地方法人税
1954	19.874	19.874	20			
1955		22				
1956		25				
1957		26				
1958		27.5				
1959		28.5				
1960～1961		28.5＋0.3*1				
1962～1964		28.9				
1965		29.5				
1966～1988		32				
1989～1996				24*2	25	
1997～1998				29.5		
1999		32.5				
2000～2006	*3	35.8				
2007～2013		34				
2014				22.3		全額
2015	33.1	33.1	50		除外	
2016～2018						

地方財政の財源不足に対処するため、順次引き上げ

注：＊1　0.3％は臨時地方特別交付金
　　＊2　24％は、消費譲与税に係るものを除いた消費税に係る率
　　＊3　2004年度から2006年度までは、所得譲与税に係るものを除いた所得税に係る率

出所：総務省「地方交付税率の変遷」http://www.soumu.go.jp/main_content/000544452.pdf 最終閲覧日2019年6月12日。

計上したほか、排雪関連経費として402億円計上しています。

　地方交付税の財源は現在、所得税・法人税の33.1％、酒税の50％、消費税の22.3％、地方法人税の全額とされています。これらの割合は固定的なものではなく、これまで財政状況や税制改正に合わせて、**図表5-4**のように少しづつ変わってきて、現在に至っています。ただし、近年ではこれらの財源だけでは全国に交付する地方交付税額を賄いきれなくなってきています。そこで、財政不足が生じる場合には、国が地方交付税への加算や地方が特例地方債を発行することにより補填する等の措置が取られています。ここでいう特例地方債のほとんどが臨時財政対策債です。

　図表5-5は「地方財政計画」で示された地方交付税等総額（当初）の推移です。「地方財政計画」とは、国の予算編成時期に策定される、地方公共団体の歳入歳出総額の見込額に関する計画であり、そのなかで地方交付税の総額が決定されます。**図表5-5**をみると、まず、地方交付税総額と臨時財政対策債との合算額が2003年から2004年にかけて、23.9兆円から21.1兆円へ12％削減され、その後2007年度まで削減されてきたことがわかります。特に2004年度の地方財政計画における大幅な削減は、「地財ショック」といわれています。これにより、多くの自治体では歳入の不足が生じ、基金の取り崩しによって補填せざるを得なくなりました。特に、地方交付税の依存度が高かった地方の小規模自治体では、地方交付税の大幅削減で財政が圧迫されたことが、市町村合併の主な要因となりました。

　その後2009年から1兆円規模の別枠加算が始まりました。これは2008年に発生したリーマン・ショックに伴う著しい景気後

図表5-5　地方交付税等総額(当初)の推移

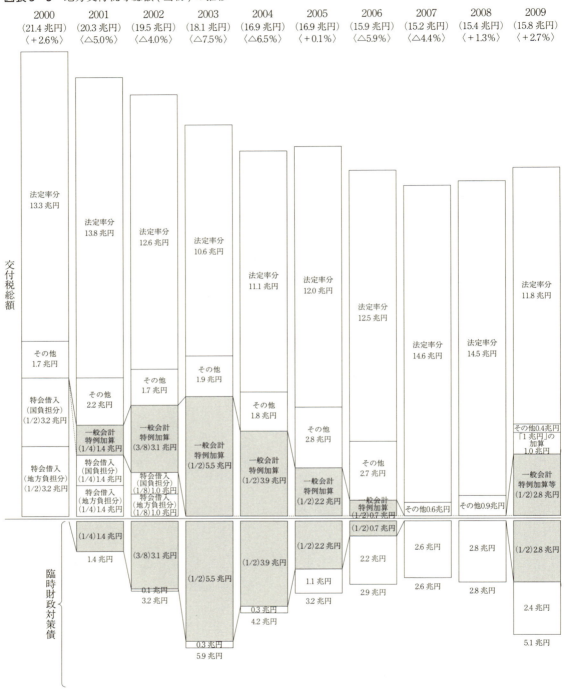

※表示未満四捨五入の関係で、積み上げと合計が一致しない箇所がある。
出所：総務省「地方交付税等総額(当初)の推移」http://www.soumu.go.jp/main_content/000544453.pdf 最終閲覧日 2019年6月12日。

第 5 章　地方交付税のしくみと意義

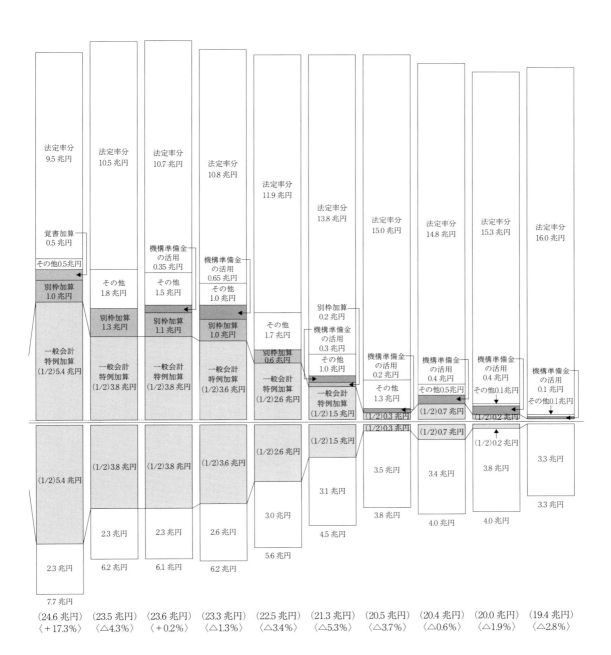

退等による地方の歳入不足を勘案し、地方交付税額を増やし財源を確保する措置が取られたためです。しかし、このリーマン・ショック後の特例は2014年以降減額され、2016年にはリーマン・ショックによる不況は終わったと国はみなし、別枠加算は終了しています。しかし地方の実態をみると、未だにリーマン・ショックによる不況から立ち直れずに地方税額が減ったままの自治体も多くあります。そうした自治体は、地方税の減少と地方交付税の削減によって財政状況の悪化がみられます。一方で、リーマン・ショックからの立ち直りが早かった都市部では、結果として地方税の落ち込み以上に地方交付税が増額されたため、歳入総額が増額した自治体もありました。

また図表5-5から、2012年度以降地方交付税総額が減ってきていることがわかります。地方交付税財源の法定税率を表す図表5-4からは、地方交付税の財源として、消費税や法人税の地方交付税率が下げられ、たばこ税を地方交付税の原資としなったことがわかります。一方で、2014年度からは、地方法人税が創設され、それが地方交付税の原資として位置付けられるようになりました。地方法人税とは、「地域間の税源の偏在性を是正し、財政力格差の縮小を図るため、法人住民税法人税割の一部を地方交付税原資化」した税と説明されています。法人住民税法人税割は地方税の一部です。繰り返しになりますが、地方税は歳入のなかでも自主財源であり、一般財源であるため、自治体運営にとって、とても大事な税になります。地方税は、主に市町村民税と固定資産税からなります。市町村民税は法人から徴収する法人住民税（市町村の場合、法人市町村民税ともいう）と住民から徴収する個人住民税（市町村の場合、個人市町村民税）に分かれます。法人税の場合、それが法人がその資本金や性格によって均等に払う均等割と法人税額によって支払う金額が決まる法人税割とがあります。地方法人税の創設によって、法人住民税法人税割の一部が国税となりました。そのため、これまでその法人が立地していた市町村に入るはずだったお金が、地方交付税の財源として国に入ることになりました。これにより、地方財政の自立を損ねる問題が発生すると考えられます。その第一が財政の依存度が否応なく高まってしまうことです。自立した財政というのは、地方財政の安定的な運営のために大事なことです。安定的な財政運営には自主財源の確保が重要事項であるため、これまで地方は地方税収入を増やそうと努力をしてきました。しかし、この地方法人税制度は、自主財源である地方税の一部を依存財源である地方交付税に振り替え、再配分する制度です。それは、これまでの地方税を増やそうとしてきた地方の努力に水をさすとともに、地方財政の国への依存度が高まり、安定性にも悪影響を与えてしまいます。第二が、国の地方への安易な負担軽減につながる恐れがあることです。図表5-6の通り、国民が支払う税のうち約6割が国税で約4割が地方税です。しかし、国よりも地方の方が仕事量が多いため、多くの財源を必要とします。地方交付税制度は、国税の一部を地方交付税の財源とすることで、国税の一部を地方に配分し、その国と地方とのギャップを埋める役割を持ちます。しかし、これまで地方に入っていた法人住民税法人税割の一部を地方交付税の原資とすることは、地方税の一部を地方に分配することになっていま

図表5-6　国と地方の租税配分

(1) 国・地方間の税財源配分（2017年度）

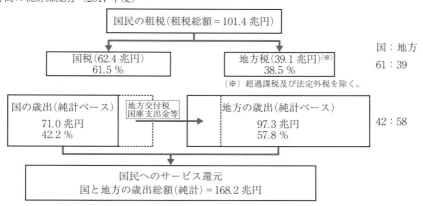

(2) 地方歳入決算の内訳（2017年度）

(単位：億円)

地方税	地方譲与税 地方特例交付金 地方交付税	国庫支出金	地方債	その他
399,044 (39.4%)	193,060 (19.0%)	154,650 (15.3%)	106,449 (10.5%)	160,030 (15.8%)

←──────────地方歳入 101 兆 3,233 億円──────────→

注：国庫支出金には、国有提供施設等所在市町村助成交付金を含み、交通安全対策特別交付金は除く。
出所：総務省「国と地方の税財源配分の見直し」http://www.soumu.go.jp/main_content/000544446.pdf 最終閲覧日 2019 年 6 月 12 日。

す。そのため地方交付税の本来のあり方とは矛盾してしまいます。そうなると、地方交付税として国が負担する分が減り、事実上の地方切り捨て・中央集権につながる恐れがあります。たしかに、地方法人税創設の背景にある（と説明されている）「地方間の格差」は取り扱うべきテーマですし、格差は徐々になくしていく必要があります。しかし、こうした格差が発生した背景には、地理的条件もさることながら、これまでの第四次全国総合開発計画をはじめとする全国総合開発計画の失敗にもあります。そうした失敗の責任は中央集権を進めている国にもあります。そのため、（地方の負担を地方だけで負担する）地方法人税の創設ではなく、引き下がっている地方交付税率を見直していくことが本来の地方分権や地方間の格差を埋めていくために必要だと考えら

れます。

3　臨時財政対策債の課題

　臨時財政対策債（以下、臨財債）とは、簡単にいうと地方交付税の財源不足分を上限として起債を認められた地方債を指します。国の財源不足を背景にした制度であるため、財源不足額分（発行可能額分）を国がのちに地方交付税措置することとなっています。また、あらかじめ用途を定めて起債する通常の地方債とは異なり、一般財源として臨財債を使うことができます。そのため、自治体によっては実質的な地方交付税と呼んでいる自治体もあります。しかし、あくまでも臨財債は地方債であることを忘れてはなりません。まず、臨財債は、国が銀行から借りるのではありません。市町村が借りるのです。そのため、元利償還の責

図表5-7 臨時財政対策債現在高の推移　　　　　　　　　　　　　　　　（単位：億円）

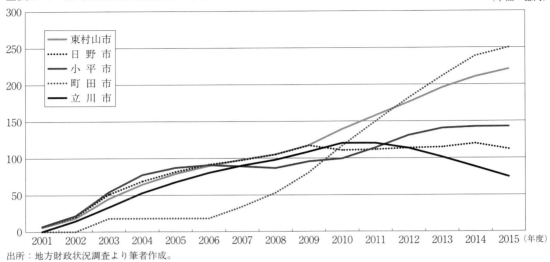

出所：地方財政状況調査より筆者作成。

任は市町村が持つことになります。また、地方交付税措置は、臨財債の発行額ではなく、発行可能額に対して行われます。つまり、起債してもしなくても後で交付税措置される額は変わらないということです。

こうしたことから、臨財債の発行額を抑え、その現在高を減らしている自治体もあります。**図表5-7**が東京都多摩地域での同一市町村類型の自治体における臨財債の現在高です。**図表5-7**をみるとわかるように、現在高を増やし続けている自治体、横ばいに抑えている自治体、減らしている自治体の3つに分かれます。

地方交付税そのものが減額されているなかで、臨財債の措置分はみえにくくなっています。また、市町村の責任で起債する債務であるため、起債しないで済むのであればしないに越したことはありません。何よりも臨財債は経常的経費が不足しているために起債するのであって、臨財債を経常的経費に充てた場合、それはストック（資産）として残りません。起債するのであれば、正当で明確な理由を持って起債することが健全な財政運営につながります。

2　地方交付税算出の基礎

1　基準財政収入額の概要

総務省は、「基準財政収入額」を、「各地方団体の財政力を合理的に測定するために、当該地方団体について地方交付税法第14条の規定により算定した額（地方交付税法第2条第4号）」と説明しています。具体的には、地方団体の標準的な税収入の一定割合により算定された額を指し、以下の計算式で計算します。

$$基準財政収入額 = 標準的な地方税収入 \times 75/100 + 地方譲与税等$$

細かいことは覚えなくてもいいのですが、あえて説明すると以下のようになります。標準的な地方税収入とは、地方税、税交付金（利子割交付金や配当割交付金等）、市町村交付金、地方特例交付金を算定項目とし、地方譲与税等とは、税源移譲相当額（個人住民税）、地方譲与税、交通安全対策特別交

付金を算定項目としています。両者ともに基本的に前年度の実績を元にその額を算出します。

　標準的な地方税収入に75%の算入率が用いられるのは、地方団体の自主性、独立性を保障し、自主財源である地方税の税源涵養に対する意欲を失わせないためといわれています。仮に標準的な地方税収入の算入率が100%だとどうなるかを考えてみましょう。標準的な地方税収入が100億円、地方贈与税等が25億円、基準財政需要額が200億円のA市があるとします。基準財政需要額における標準的な地方税収入が75%であると、基準財政収入額は100億円（100億円×75/100＋25億円）となり、地方交付税は200億円－100億円＝100億円交付されることになります。そうなると大体の一般財源額は100億円（標準的な地方税収入）＋25億円（地方贈与税等）＋100億円（地方交付税）＝225億円になります。一方で算入率が100%だと基準財政需要額は125億円（100億円×100/100＋25億円）となります。その額で計算をすると、地方交付税は75億円となり、大体の一般財源額は100億円（標準的な地方税収入）＋25億円（地方贈与税等）＋75億円（地方交付税）＝200億円となります。次に、A市が頑張って税収が上がり標準的な地方税収入が140億円になった場合を考えます。すると、算入率が75%の場合、一般財源額は140億円（標準的な地方税収入）＋25億円（地方譲与税等）＋70億円［地方交付税：200億円－（140億円×75/100＋25億円）］＝235億円となります。算入率が100%の場合、一般財源額は140億円（標準的な地方税収入）＋25億円（地方譲与税等）＋35億円［地方交付税：200億円－（140億円×100/100＋25億円）］

＝200億円となります。地方税収入が40億円増えたことで、基準財政需要額が増え地方交付税額は削減されますが、一般財源総額で考えると算入率が75%の場合35億円増える一方、100%の場合一般財源総額は増えなくなってしまいます。それでは、地方は、地方税収を増やす意義がなくなってしまいます。そこで、標準的な税収入のうち75%を交付税額の算定に入れ、残りの25%分の財源を各地方団体に留保することで、地方交付税によってある程度の財源を確保しながら、各地方団体が税収をあげる努力を損ねないようにしているのです。

2　基準財政需要額の概要

　基準財政収入額は前年度の実績をもとに算定される一方で、基準財政需要額は、実績とは別に机上の計算で算定された、一般財源として必要な財政需要額を示すものです。以下のように基準財政需要額は、各行政項目（算定項目）別に設けられた測定単位の数1に必要な補正を加え（補正係数をかけ）、これに算定項目ごとに定められた「単位費用」をかけた額を合算し算出します。例えば、消防費ならば消防費の単位費用に補正係数と測定単位である人口をかけて、消防費に関する基準財政需要額を算出します。同じように土木費、教育費等を算出し、それぞれを積算し、その自治体の基準財政需要額を算出するのです。

$$基準財政需要額＝測定単位×補正係数×単位費用$$

　単位費用は、地方交付税法第2条6で、「道府県又は市町村ごとに、標準的条件を備えた地方団体が合理的、かつ、妥当な水準において地方行政を行う場合又は標準的な

施設を維持する場合に要する経費を基準とし、補助金、負担金、手数料、使用料、分担金その他これらに類する収入及び地方税の収入のうち基準財政収入額に相当するもの以外のものを財源とすべき部分を除いて算定した各測定単位の単位当たりの費用（当該測定単位の数値につき第十三条第一項の規定の適用があるものについては、当該規定を適用した後の測定単位の単位当たりの費用）で、普通交付税の算定に用いる地方行政の種類ごとの経費の額を決定するために、測定単位の数値に乗ずべきもの」と説明されています。ざっくりいうと、単位費用は、消防や学校、福祉などの行政項目ごとの測定単位1単位当たりの単価を指すということです。単位費用は以下のように算出します。

単位費用＝（標準団体の標準的な歳出－そのうち国庫補助金等の特定財源）／標準団体の測定単位の数値

単位費用算定に用いる標準団体は、**図表**

5-8のような人口、面積、行政規模が平均的な条件かつ自然的条件や地理的条件が特異でない場所と想定された架空の団体です。現在の日本の人口密度は1150人/km²である一方で、標準団体は476人/km²と実態とは離れた数字ですが、そういうものだと考えてください。こうした標準団体を想定し、そこで標準的な行政をするためにはどのくらいの財政需要があるのかを計算し、それを「標準団体の標準的な歳出」とします。歳出には充当一般財源と充当特定財源とがありますが、「標準団体の標準的な歳出」では、充当一般財源分を単位費用の計算に用います。

　例えば、社会教育費に関する基準財政需要額を考えてみましょう。社会教育に関する費用（社会教育費）は、**図表5-9**の通り、(1) 社会教育費・文化財保護費と (2) 社会教育施設費からなります。標準団体では公民館は本館1館、地区館8館、図書館1館設置し、職員は27名配置されていることになっています。そうした施設数、職員数で標準的な行政サービスをするためには、計算上2億4021万4千円必要になり、そのうち充当一般財源の額は2億4021万4千円になるとされています。社会教育に関する費用は人口を測定単位とすることとしているので、充当一般財源の額を標準団体での人口10万人で割った2402円が単位費用となります。

図表5-8　標準団体の規模

		都道府県	市町村
人	口 （人）	1,700,000	100,000
面	積 （km²）	6,500	210
世	帯 数 （世帯）	710,000	42,000
道路の延長	（km）	3,900	500

出所：地方交付税制度研究会編『地方交付税のあらまし』地方財務協会、2019年4月より筆者作成。

図表5-9　社会教育費の単位費用

（単位：千円）

細　　目	総　額	特定財源	一般財源	単位費用（円）
(1) 社会教育費・文化財保護費	99,197	4,481	94,716	947
(2) 社会教育施設費	145,498		145,498	1,455
合　　　計	244,695	4,481	240,214	2,402

出所：地方交付税制度研究会編『地方交付税制度解説（単位費用篇）』地方財務協会、2017年7月より筆者作成。

第5章　地方交付税のしくみと意義

図表5-10　小学校費の単位費用

（単位：千円）

細　　目	総　　額	特定財源	一般財源	標準施設規模	単位費用（円）
児童経費	30,145	325	29,820	690 人	43,217
学級経費	15,303		15,303	18 学級	850,167
学校経費	9,105	26	9,079	1 校	9,079,000

出所：地方交付税制度研究会編『地方交付税制度解説（単位費用篇）』地方財務協会、2017年7月より筆者作成。

　測定単位として用いるものは人口だけではありません。例えば、小学校費の基準財政需要額では、児童数、学級数、学校数を測定単位とし、それぞれ算出し積み上げた額を小学校費としています。単位費用算定のための標準施設規模は、小学校1校当たり、18学級、690名在籍としています。そこで標準的な教育をするためにはそれぞれ**図表5-10**の通り、費用が必要になるとされています。それぞれの経費を測定単位となる学校数（÷1校）、学級数（÷18学級）、児童数（÷690）で割った額が単位費用になります（**図表5-10**）。

　おさらいになりますが、地方交付税の算出方法は「基準財政需要額−基準財政収入額」です。そのため、基準財政需要額が多いほど、地方交付税が増える構造を持ちます。現在、小学校をめぐる状況を見渡すと、学校統廃合が全国で進んでいます。小学校費の基準財政需要額の算定において、学校数が測定単位として用いられるため、学校統廃合によって学校数が減るとそれだけ基準財政需要額が減ることになります。つまり、この点に着目すると、学校統廃合によって学校運営経費は減る分、地方交付税も減ってしまうことになります。そのため、学校統廃合の市町村財政に対するメリットはさほどないことがわかります。

　最後に、基準財政需要額の算出にあたり、補正係数をかけます。実際の各市町村の状況をみると同じ仕事をするにも人口規模、人口密度、都市化の程度、気象条件等の違いによって大きな差があります。例えば、雪が降り積もる地域や小さい島では、多くの費用がかかってしまいます。また、地方自治体のなかでも、政令指定都市、中核市、特例市では受け持つ仕事の量が違います。そうした自然的、社会的条件等地方自治体が置かれている状況を勘案し、実際の状況に近づくよう補正をするのが補正係数の役割です。

3　基準財政需要額算定方法の変化

　2007年以降の地方交付税は「新型地方交付税」と呼ばれています。何が「新型」なのかというと、一つは包括算定経費の導入です。この制度導入により基準財政需要額算定には、個別算定分と包括算定経費との二つに分けられました。今まで解説してきた部分は、個別算定分に当たる部分です。従来の基準財政需要額の算定は、算定項目が多かったり、補正係数の種類も多く複雑でした。そこで、複雑な計算を簡素化し、比較的容易に算定するために、算定項目の一部を人口と面積で算出する包括算定経費が導入されました。包括算定経費の導入により、従来の算定方法による算定項目（単位用）の数を都道府県では42から32へ、市町村分では53から36へと、合計3割程度削減されました。一方で、算定項目が統

合された分、これまでのきめ細やかな算定が失われたとの批判もされています。

もう一つは、個別算定経費において「地域振興費」を導入したことです。「地域振興費」には、へき地・離島、寒冷地、合併に関わる経費のほか、行革インセンティブ、基地、地域手当等に関係する経費を算定することとしています。なかでも知っておいてほしいことは「行革インセンティブ」に関わる算定です。インセンティブとは、ある行動に向かわせたり、それを引き出す要因を指します。地方交付税に引きつけて考えると、国が望む政策や事業を地方団体が実行するために、それを実行した自治体が金銭面で優位に立てるように交付額を増やすことを指します。繰り返すようですが、地方交付税は地方自治体のナショナルミニマムを達成するためにお金を交付する制度です。そこに地方がナショナルミニマムとして望む政策が反映されることがあっても、国が地方に対して望む（押し付ける）政策が反映される余地はないはずです。インセンティブ算定が進むと、国が用意した政策メニューに乗る自治体は交付税額が増え、独自路線でまちづくりを進める自治体は交付税額が相対的に少なくなります。さらに、政策メニューに乗る自治体間でも競争が広がっていくことになります。それは最終的には中央集権と地方自治体の疲弊につながっていきます。

さらに、2016年から段階的に「トップランナー方式」という新しい算定方法が始まっています。これは、行政サービスの合理化を進め、経費を削減した自治体の経費水準を「標準的な行政サービス」とし、基準財政需要額算定に反映させる制度です。当初は、地方行政サービス改革に係る調査対象となっている地方団体の業務のうち、公民館管理、図書館管理等の単位費用に計上された全ての業務（23業務）がトップランナー方式の検討対象となっていました。しかし、図書館、公民館、博物館、児童館の管理費用に指定管理者制度活用を前提とする「トップランナー方式」の導入に対し、関係省（文部科学省及び厚生労働省）や関係団体（日本図書館協会等）は、業務の専門性、地域のニーズへの対応を求めました。その結果、最終的に持続的・継続的運営の観点から各施設の機能が十分に果たせなくなることへの懸念や実態として指定管理者制度の導入が十分に進んでいないことを理由に、今回の導入は見送られることとなりました。「トップランナー方式」の問題点は、地方交付税の本来の役割と矛盾のある制度であることです。地方交付税は、標準的な財政運営に必要だとされる基準財政需要額を元に算定をしています。そのため標準的な財政運営をどう考えるかが重要になります。「トップランナー方式」は、交付税の算定において、全国市町村の実態とは別に、公共サービスの委託によって経費削減する財政運営のあり方を標準とする制度です。そのため、地方交付税制度が本来持っているナショナルミニマムを保障する理念とは異なってしまいます。例えば直営でその自治体らしい公共サービスを提供してきたとしても、経費削減した自治体の姿を基準とすることで、その分の財源保障がされなくなってしまうわけです。

3　地方自治と地方交付税

1　地方創生と地方交付税

「地方創生」政策における国から地方への

図表 5-11 「地方創生」に関する新型交付金の状況

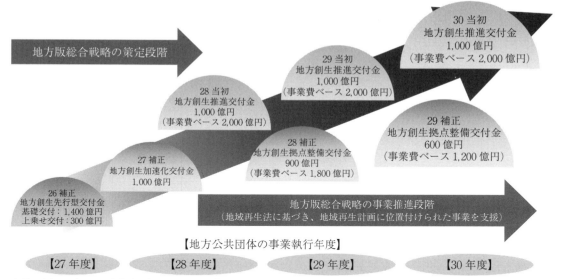

出所：まち・ひと・しごと創生本部ウェブサイト参照 https://www.kantei.go.jp/jp/singi/sousei/about/kouhukin/ 最終閲覧日 2019年 6 月 12 日。

財政支援は主に二つあります。一つ目が新しい交付金制度の創設です。図表 5-11 にもある通り、2016 年以降地方創生推進交付金を創設しています。この交付金は、地方公共団体が作成し、内閣総理大臣の認定を受けた地域再生計画に記載された事業に対し、交付されます。この認定の条件として、KPI（重要業績評価指標）の設定と PDCA の整備により効率的かつ効果的に実施される事業であり、先導的な事業であることがあげられています。こうした事業の管理方法には、住民を道具としてであったり、単なる数として扱っていると批判されています。

もう一つが「まち・ひと・しごと創生事業費」の創設です。2015 年度予算において、まち・ひと・しごと創生事業費が 1 兆円確保されました。それは基準財政需要額の個別算定経費の「地域の元気創造事業費」に 4000 億程度（うち 100 億円程度は特別交付税）、「人口減少等特別対策事業費」に 6000 億円程度と振り分けられ、地方交付税を通して地方に補助されます。「地域の元気創造事業費」は決められた単位費用に測定単位である人口と補正係数をかけ算出します。この補正係数には各地方団体の行政改革努力（2670 億円程度）と地域経済活性化分（1230 億円）の成果がそれぞれ反映されます。

行政改革努力分の算出では、職員数や人件費の削減が重視されます。つまり、職員数や人件費を削減するほど、地方交付税額が多くなります。これによって、地方税の落ち込みが起きているなかで、人件費を削減し地方交付税額を増やすことでなんとか歳入総額を確保しようとする自治体が発生する恐れがあります。

また、地域経済活性化分の算出では、農業や製造品出荷額、小売業年間商品販売額のほか若者や女性就業率などが重視されます。「人口減少等特別対策事業費」ではその取り組みの必要度と取り組みの成果に基づ

いて算定されましたが、2017年度から段階的に必要度から成果へ1000億円移行していくこととしています。つまり、現在全国で実施されている人口増加や産業活性化の政策について成果があれば地方交付税が増額される仕組みになっています。そもそも産業活性化や人口の増加は時間をかけて成果を出す性格のものですし、地方ではなく国レベルでその対策を練るべき問題です。そうでないと地域に根付かず一過性のものに終わったり、地域間の競争や人口の取り合いが起きて共倒れになってしまいます。しかし、「地方創生」政策は、それを地方交付税を用いて無理に進めているのです。

　こうした地方交付税のしくみに着目すると「地方創生」政策は、地方を活性化させることで地方分権を進める政策ではないと考えられます。むしろ地方に国が用意した政策メニューに飛びつかせ、国のやってほしい事業を地方交付税制度を通して地方に浸透させることで、中央集権を進めていく政策だと考えられます。

2　公共施設等再編計画と地方交付税

　また、公共施設再編も地方交付税を利用して全国で推進されてきています。まず、「公共施設等管理総合計画」の策定を促すために政府は、2014年から2016年にわたり、策定に要する経費の50％を支援する特別交付税措置を講じました。2015年からは、公共施設再編をさらに進めていくため、「公共施設最適化事業債」を創設しました。これは、公共施設の床面積を減らす集約化・複合化事業に対し、事業経費の90％を交付税措置（50％）する地方債を充当することを認める制度です。この制度を利用すれば、事業の45％が後々の交付税算定時に基準

財政需要額に上乗せされ、交付税を通して措置されることになり、理論上総事業費の55％（10＋90×0.5）の負担で進めることができることになります。

　2017年度からは、公共施設等の集約化・複合化、老朽化対策等をさらに推進していくために、既存の公共施設等最適化事業債等を再編した「公共施設等適正管理推進事業債」制度も創設しています（**図表5−12**）。この制度では、集約化・複合化事業・転用事業のほか、新たに個別施設適正化計画に基づいた長寿命化事業と立地適正化計画制度に基づくコンパクトシティ形成に向けた立地適正化事業が対象となっています。

　また交付税措置のほかにも、地方交付税法を一部改正し、公共施設の除去事業に対する起債（除去債）を認める特例措置を設けました。これは、総合管理計画に基づく公共施設等の除去に係る経費の90％（2016年までは75％）を地方債で充当できる制度です。この制度を利用することによって、公共施設の除去に向けた積立なしに除去事業ができるようになり、公共施設数を減らす除去事業にいち早く取り掛かりやすくなりました。一方で、除去債は通常と異なった性質を持つ地方債のため、地方財政制度上問題があると指摘できます。そもそも、地方債の起債には、地方財政法第5条において後世代にも効用が及ぶ施設の建設事業に限定して起債を認める原則があります。通常、施設の利用は建設した年だけではなく何十年にも及びます。そのため、建設期間中の支出だけで賄ってしまったら、後世代と現世代との負担が不平等になってしまいます。そこであえて起債し数十年かけて償還することで、施設を利用する後世代も平等に負担する理念がありました。しか

第5章　地方交付税のしくみと意義

図表5−12　公共施設等適正管理推進事業債の状況

	期　　間	地方債充当率	交付税措置率
集約化・複合化事業	2017年〜2021年	90%	50%
転用事業	2017年〜2021年	90%	30% （財政力に応じて30〜50%）
長寿命化事業	2017年〜2021年	90%	30% （財政力に応じて30〜50%）
立地適正化事業	2017年〜2021年	90%	30% （財政力に応じて30〜50%）
ユニバーサルデザイン化事業	2017年〜2021年	90%	30% （財政力に応じて30〜50%）
市町村役場機能緊急保全事業	2017年〜2020年	90% （交付税措置対象分75%）	30%
除去事業	2017年〜2021年	90% （2016年までは75%）	なし

出所：総務省「公共施設等総合管理計画の更なる推進に向けて」より筆者作成。

し、除去債は施設の残らない除去に対する起債を認める制度です。そのためこの地方財政法第5条と矛盾をきたし、財政規律を乱すことになる可能性が考えられます。

3　市町村合併と地方交付税

　市町村合併と地方交付税は切っても切れない関係があります。平成の大合併は、1999年の市町村合併特例法の制定によって開始します。これは、経済界からの要求を背景とした地方分権改革の一環として行われました。この特例法では、普通交付税の算定にあたり、特例を設けました。通常、合併によって一つの市町村として算定すると、公共サービスの効率性から旧市町村ごとに算定した額の総額と比べ少なくなります。そこで、この特例法では、まず10年間は、合併がなかったと仮定して旧市町村ごとに算定した額を合算して本来より多く地方交付税を保障することとしました。さらに、11年目からは特例分の10%減、12年目は特例分の30%減、13年目は特例分の50%減、14年目は特例分の70%減、15年目は特例分の90%を減していき、16年後に本来の交付税額（特例分の100%減）にすることとしました。市町村側からすれば、合併によって、15年間は、地方交付税を本来より多く得ることができます。

　また、合併に伴うハード事業に対する合併特例債（充当率95%）の起債を認め、その元利償還に対し、70%相当分を国が後で交付税措置することとしました。これによってハード事業の5%の資金があれば事業を進めることができ、合併した市町村は全事業費の33.5%（5＋95×0.30）の負担で事業ができることになります。当初、合併特例債の起債は、合併後10年間に制限していましたが、東日本大震災をきっかけに、被災地は合併後20年間、それ以外は15年間に延長されました。さらに、2018年には、被災地は25年間、被災地以外は20年間に再延長されました。

　合併を促していくために国はこうした地方交付税を増額したり、地方交付税で措置する財政メニューを用意しました。一方で、前述したように地方交付税を大幅に削減し、

図表 5-13　年度別合併件数

	件数	合併関係市町村数	市町村数	
			前年度末	当年度末
1999 年度	1	4	3,232	3,229
2000 年度	2	4	3,229	3,227
2001 年度	3	7	3,227	3,223
2002 年度	6	17	3,223	3,212
2003 年度	30	110	3,212	3,132
2004 年度	215	826	3,132	2,521
2005 年度	325	1,025	2,521	1,821
2006 年度	12	29	1,821	1,804
2007 年度	6	17	1,804	1,793
2008 年度	12	28	1,793	1,777
2009 年度	30	80	1,777	1,727
2010 年度	0	0	1,727	1,727
2011 年度	6	14	1,727	1,719
2014 年度	1	2	1,719	1,719
計	649	2,163		

出所：総務省「市町村合併資料集　合併件数」。

小規模自治体を合併に追い込んでいきました。その結果、これまで鈍かった市町村合併の動きが一気に進んでいくこととなりました。特に、当初、市町村合併特例法の時限であった 2005 年度末から、その時限が 1 年伸び、新たな合併特例法が制定されたことで多くの「かけこみ合併」が発生しました（図表 5-13）。

　市町村合併によって、市町村が広域化し、人件費が削減されるなど財政の「効率化」が図られることになります。しかし、それによって住民サービスの質が低下したことは多くの論者によって、明らかにされています。特に周辺部の衰退は激しく、東日本大震災では、合併して周辺部となった地域での行政の対応の遅れが多くみられました。また、全国的に地方交付税額が減少してきているなかで、合併算定替の終了を迎える合併自治体では、より一層の財政の困窮化

が発生しています。

　市町村合併によって「選択と集中」が進められてきました。こうした「選択と集中」の流れは、「地方創生」政策にも引き継がれて、今現在まで続いています。前に少し説明したように「地方創生」政策を進めるために、1 兆円規模の予算を国は確保し進めてきました。その背景には「増田レポート」があります。「増田レポート」は、2010 年から 2040 年までの間に 20〜39 歳の女性の人口が 5 割以下に減少すると推計される自治体を「消滅可能性都市」と指摘し、大きな話題となりました。しかし、「増田レポート」の本質はそこではありません。それは、人口のダムとして中枢連携都市に人や経済を集約化することを提案したことにあります。この提案を受け、「まち・ひと・しごと創生総合戦略」では「連携中枢都市圏構想」を打ち出しました。この構想は、圏域の中心都市が近隣の市町村と連携し、コンパクト化とネットワーク化により「経済成長のけん引」、「高次都市機能の集積・強化」及び「生活関連機能サービスの向上」を行うことで、人口減少・少子高齢社会においても一定の圏域人口を有し活力ある社会経済を維持するための拠点を形成する構想です。もちろんこうした「連携中枢都市圏構想」を実現する政策に対し交付税措置があります。連携中枢都市圏ビジョンを策定した圏域は 2019 年 4 月 1 日現在 32 圏域あります。行政単位の広域化は、2018 年に発表された自治体戦略 2040 構想研究会の『第 2 次報告』にも引き継がれています。同報告書では、「個々の市町村が行政のフルセット主義を排し、圏域単位で、あるいは圏域を越えた都市・地方の自治体間で、有機的に連携することで都市機能等

を維持確保することによって、人が人との
つながりの中で生きていける空間を積極的
に形成し、人々の暮らしやすさを保障して
いく必要がある」とし、市町村単位からよ
り広い圏域単位の行政へ転換することを求
めています。これにより、公共サービスを
集約化し、経済活動や人が中心都市に集ま
り、地方行政が「効率化」していく一方で、
連携する周辺自治体は空洞化が起き、事実
上の市町村合併が起きることとなります。

4　地方交付税算定台帳の見方

　これまで制度の解説を進めてきました。
次は、普通交付税に関する具体的な資料の
見方に入っていきます。
　まず、一番基礎的な情報である、地方交
付税額、基準財政収入額、基準財政需要額
は決算カードや財政状況資料シート1の
「総括表」に書かれていますので、その額を
確認してみてください。これらの3つは経
年的にみることをお勧めします。前にそれ
ぞれの全国的な動向を伝えましたが、それ
と比べわがまちはどうなっているのかを確
認してみてください。
　地方交付税の詳細な分析には、「地方交付
税算定台帳」という2枚組の資料を用いま
す。まだあまりウェブ上では公開されてい
ない資料ですので、ホームページ上にない
自治体の分析は財政課に問い合わせて、入
手してみてください。あまり知られていな
い資料なので、名称を知らない職員もいる
かもしれませんが、どの自治体も必ず作成
している資料です。**図表5-14**が埼玉県朝
霞市の地方交付税算定台帳です。1枚目に
は、基準財政需要額の各算定項目の額が載
っており、2枚目には補正係数や測定単位

の詳細が載っています。
　分析に使うのは主に**図表5-14**にある地
方交付税算定台帳1枚目の資料です。まず
向かって左側には個別算定経費（公債費除
く）があります。上から消防費、道路橋り
ょう費と続きます。算定項目ごとに補正前
の数値（A）、最終係数（B）、補正後の数
値（A×B）、基準財政需要額が書かれてい
ます。補正前の数値（A）は、測定単位を
指します。最終係数（B）は補正係数を指
します。この両者をかけた値が補正後の数
値（A×B）となり、これに単位費用をか
けた値が各項目の基準財政需要額となりま
す。そして下二つが「地域の元気創造事業
費」「人口減少等特別対策事業費」とありま
す。これらが説明したインセンティブ算定
と呼ばれるような、その時に政策をより濃
く映す算定項目になります。右側が公債費
に関する個別算定経費になります。ここに
は、地方交付税で措置される償還費が並ん
でいます。例えば、公債費に関する個別算
定経費の上から二つ目に「辺地対策事業債
償還費」があります。これは、辺地対策事
業債に地方交付税措置される額を指します。
辺地とは、「交通条件及び自然的、経済的、
文化的諸条件に恵まれず、他の地域に比較
して住民の生活文化水準が著しく低い山間
地、離島その他のへんぴな地域で、住民の
数その他について政令で定める要件に該当
している」地域と定義されています。この
辺地とその他の地域との間における住民の
生活文化水準の著しい格差の是正を図るた
めの公共施設の整備に対して、この辺地対
策事業債の起債が認められています。この
充当率は100％であり、交付税措置は80％、
償還期間は10年（うち据置期間2年）と定
められています。ここに数字がある自治体

図表 5 - 14 ① 地方交付税算定台帳 市町村分（2018 年度）

経費の種類			補正前の数値(A)		最終係数(B)	補正後の数値(A×B)	基準財政需要額 千円
	消 防 費		※	136,299	1.117	152,246	1,720,380
	道 路 橋 り ょ う 費	道路の面積	(	1,508)			
			※	1,522	1.150	1,734	124,328
		道路の延長	※	244	3.760	917	177,898
港湾費	港 湾	係 留	(	－)			
			※	－	－	－	－
		外 郭	※	－	－	－	－
	漁 港	係 留	※	－	－	－	－
		外 郭	※	－	－	－	－
	都 市 計 画 費		※	136,299	1.148	156,471	154,593
公園費	人 口		※	136,299	1.181	160,969	85,314
	都市公園の面積		※	302		302	10,963
	下 水 道 費		※	136,299	10.767	1,467,531	137,948
	そ の 他 の 土 木 費		※	136,299	1.023	139,434	225,883
小学校費	児 童 数		※	7,352	1.005	7,389	317,727
	学 級 数			229.0	1.362	312.0	277,680
	学 校 数			10.00	1.014	10.14	96,117
	小 計						691,524
中学校費	生 徒 数		※	3,220	0.997	3,210	130,326
	学 級 数			92.0	1.369	126.0	138,222
	学 校 数			5.00	1.015	5.08	44,150
	小 計						312,698
高等学校費	教 職 員 数		(	－)			
					－	－	－
	生 徒 数		(	－)			
			※	－	－	－	－
その他の教育費	人 口		※	136,299	1.163	158,516	827,454
	幼稚園等の子どもの数		※				
	生 活 保 護 費		※	136,299	0.871	118,716	1,120,679
	社 会 福 祉 費		※	136,299	0.978	133,300	3,119,220
	保 健 衛 生 費		※	136,299	0.987	134,527	1,057,382
高齢者保健福祉費	65歳以上人口		※	25,398	0.899	22,833	1,497,845
	75歳以上人口		※	11,344	1.048	11,889	996,298
	清 掃 費		※	136,299	1.515	206,493	1,036,595
	農 業 行 政 費		※	234	1.940	454	38,272
	林 野 水 産 行 政 費		※	－		－	－
	商 工 行 政 費		※	136,299	0.973	132,619	173,731
	徴 税 費		※	59,515	0.927	55,170	254,334
戸籍住民基本台帳費	戸 籍 数			36,511	1.091	39,834	46,606
	世 帯 数		※	59,515	0.966	57,491	119,581
地域振興費	人 口		※	136,299	2.852	388,725	711,367
	面 積		(	7.97)			
				18.34	1.425	11.36	11,803
	計						14,652,696
	地 域 の 元 気 創 造 事 業 費		※	136,299	0.591	80,553	203,799
	人 口 減 少 等 特 別 対 策 事 業 費		※	136,299	0.829	112,992	384,173

左欄（縦書き）：個別算定経費（公債費除き）

注：1. 「補正前の数値」欄の（ ）内は種別補正後の数値である。
　　2. 「標準税収入額等合計」は〔{基準財政収入額－(所得割における税源移譲相当額（三位一体の改革分）の25％)－(所得割における税源移譲相当額（県費負担教職員分）の25％)－(地方消費税交付金における引上げ分の25％)－(道府県民税所得割臨時交付金)－(分離課税所得割交付金)－B－C}×100／75〕＋(道府県民税所得割臨時交付金)＋(分離課税所得割交付金)＋B＋Cで計算している。〔 〕および（ ）は整数未満四捨五入。

第5章　地方交付税のしくみと意義

一本算定替の別	都道府県名	市町村名	市町村コード	No.
一本	埼玉県	朝霞市	11227500	23

経費の種類		補正前の数値(A)	最終係数(B)	補正後の数値(A×B)	基準財政需要額 千円
災害復旧費		(　　　-　　) / -		-	-
辺地対策事業債償還費		-			-
補正予算債償還費	平成10年度以前許可債に係るもの	(　　1,230　) / 1,230		1,230	984
	平成11年度以降同意等債に係るもの	(　289,791　) / 489,186		289,791	15,649
地方税減収補塡債償還費		(　312,143　) / 110,400		312,143	7,491
臨時財政特例債償還費		(　　　-　　) / -		-	-
財源対策債償還費		(2,347,943) / 1,414,892		2,347,943	51,655
減税補塡債償還費		(2,987,326) / 2,857,644		2,987,326	185,214
臨時税収補塡債償還費		(　833,857　) / 627,432		833,857	17,511
臨時財政対策債償還費		(18,341,870) / 19,684,122		18,341,870	1,155,538
東日本大震災全国緊急防災施策等債償還費		(　147,730　) / 2,699,100		147,730	15,216
地域改善対策特定事業債等償還費		-		-	-
過疎対策事業債償還費		-		-	-
公害防止事業債償還費		146,310		146,310	73,155
石油コンビナート等債償還費		-		-	-
地震対策緊急整備事業債償還費		-		-	-
合併特例債償還費		-		-	-
原発施設等立地地域振興債償還費		-		-	-
計					1,522,413
個別算定経費計					16,763,081
人　口		※ 136,299	0.931	126,894	2,220,645
面　積		(　10.88　) / 18.34		10.88	25,492
計					2,246,137
振替前需要額					19,009,218
臨時財政対策債振替相当額					268,241
基準財政需要額					18,740,977

個別算定経費（公債費）／包括算定経費

税　目		基準財政収入額等 千円	税　目	基準財政収入額等 千円
市町村民税 均等割	個人	183,912	地方消費税交付金 従来分	943,646
	法人	247,553	引上げ分	961,847
所得割	税源移譲相当額除き	6,345,201	小計	1,905,493
	税源移譲相当額	1,360,488	市町村交付金	305,376
	道府県民税所得割臨時交付金	-	ゴルフ場利用税交付金	10,848
	分離課税所得割交付金	-	自動車取得税交付金	58,383
	小　計	7,705,689	軽油引取税交付金	-
法　人　税　割		438,606	低工法等による控除額	△　　-
固定資産税	土地	3,120,854	小　計　A	18,274,336
	家屋	2,646,577	特別とん譲与税	-
	償却資産	755,301	地方揮発油譲与税	60,666
	小計	6,522,732	石油ガス譲与税	-
軽自動車税		97,732	自動車重量譲与税	153,742
市町村たばこ税		604,945	航空機燃料譲与税	-
鉱産税		-	譲与税計　B	214,408
事業所税		-	交通安全対策特別交付金　C	15,345
利子割交付金		22,834	東日本大震災に係る特別加算額　D	88
配当割交付金		81,272	地方特例交付金　E	120,815
株式等譲渡所得割交付金		88,961	基準財政収入額(A+B+C+D+E)	18,624,992
			標準税収入額等合計	23,982,626
			標準財政規模	24,356,379

普通交付税決定額 区分		算出額 千円	錯誤額 千円	計 千円
基準財政需要額	A	18,740,977	6,992	18,747,969
基準財政収入額	B	18,624,992	-687	18,624,305
交付基準額（A－B）	C	115,985	7,679	123,664
調整額（A×調整率）	D		（　　-　　）	18,152
決定額（C－D）				105,512

3.　「標準財政規模」は一本の標準税収入額等合計＋普通交付税交付額＋合併算定替単純計の臨時財政対策債発行可能額で計算している。

4.　「普通交付税決定額」欄の「基準財政需要額A」は、合併算定替においては、合併縮減後の基準財政需要額である。また、「交付基準額（A－B）C」については、値が負数の場合は、（　）内にその値を表示している。

5.　※の欄は、被災地特例適用団体については被災地特例適用後の数値である。

図表5−14② 地方交付税算定台帳 市町村分（2018年度）

年度別地方交付税交付額

年度		基準財政需要額 A 千円	A 伸率	基準財政収入額 B 千円	B 伸率	交付基準額(A−B)C 千円	C 伸率	普通交付税交付額 千円
28	当初 一本算定	17,903,351	3.1	17,605,749	3.4	297,602	−12.3	282,874
	（合併算定替）	−	（ − ）	−	（ − ）	（ − ）	（ − ）	−
29	当初 一本算定	18,204,130	1.7	17,981,534	2.1	222,596	−25.2	208,235
	（合併算定替）	−	（ − ）	−	（ − ）	（ − ）	（ − ）	−
30	当初 一本算定	18,747,969	3.0	18,624,305	3.6	123,664	−44.4	105,512
	（合併算定替）	−	（ − ）	−	（ − ）	（ − ）	（ − ）	−

基礎数値等

年	人口（人）	対前回伸率(%)	世帯数（世帯）	対前回伸率(%)
35	24,182	−	−	−
40	51,527	113.1	−	−
45	67,938	31.8	−	−
50	81,755	20.3	−	−
55	90,088	10.2	29,738	−
60	94,431	4.8	32,380	8.9
2	103,617	9.7	38,734	19.6
7	110,789	6.9	44,302	14.4
12	119,712	8.1	50,220	13.4
17	124,393	3.9	53,365	6.3
22	129,691	4.3	56,790	6.4
27	136,299	※ 5.1	59,515	※ 4.8

就業人口

区分	第一次産業 人	第二次産業 人	第三次産業 人	計 人
17国調	（ 0.8 %）	（ 25.1 %）	（ 74.1 %）	（ 100.0 %）
	522	15,851	46,810	63,183
22国調	（ 0.7 %）	（ 19.3 %）	（ 80.0 %）	（ 100.0 %）
	443	12,464	51,766	64,673
27国調	（ 0.7 %）	（ 18.6 %）	（ 80.7 %）	（ 100.0 %）
	450	12,454	54,231	67,135

区分	林業の就業者 人	漁業の就業者 人	計 人
7国調	2	−	2
12国調	1	2	3
17国調	−	−	−
22国調	1	−	1
27国調	※ −	※ −	※ −

27 国調 （人）

65歳以上人口	※ 25,398	75歳以上人口	※ 11,344

普通会計年度別決算状況

年度	歳入 A 千円	歳出 B 千円	翌年度へ繰り越すべき財源 C 千円	実質収支(A−B−C) 千円
28	40,173,690	39,107,965	60,672	1,005,053
29				

財政力指数

年度	平成28年度	平成29年度	平成30年度	平均
指数	0.983	0.988	0.994	0.988

各種補正に用いた数値等

区分		数値	区分	数値	区分	数値
交通事故発生件数	平成27年	373 件	指定都市立特別支援学校教職員数	小・中学部 − 人	簡水事業に係る資本費	− 円/㎥
	平成28年	363 件		高等部（本科）− 人	市町村立病院病床数(旧特例分を除く)	− 床
	平均	368 件	指定都市立学校教職員平均給与月額	小・中学校 − 円	市町村立病院病床数(特例分)	− 床
公共下水道	排水人口	133,948 人	特別支援学校 − 円	公立大学附属病院病床数	− 床
	排水面積	10,830 千㎡	私立幼稚園園児数(新制度分を除く)	2,287 人	リハビリ病院病床数	− 床
農業集落排水施設	排水人口	− 人	私立幼稚園等在籍職人員数(新制度分)	8 人	救急告示病院数	19,582 箇所
	排水面積	− 千㎡	生活扶助に係る年間延人員	19,582 人	救急告示病床数	− 床
漁業集落排水施設	排水人口	− 人	保育所	1,084 人	上水道事業に係る資本費	− 円/㎥
	排水面積	− 千㎡	認定こども園（追加）	− 人	7(6)割軽減保険料軽減世帯数	4,570 世帯
林業集落排水施設	排水人口	− 人	公立 幼保連携型認定こども園	1 人	5(4)割軽減保険料軽減世帯数	1,689 世帯
	排水面積	− 千㎡	保育施設（追加）	− 人	2割軽減保険料軽減世帯数	1,701 世帯
簡易排水処理施設	排水人口	− 人	特別利用保育等	− 人	7(6)割軽減保険料軽減者数	5,878 人
	排水面積	− 千㎡	私立 保育所	1,781 人	5(4)割軽減保険料軽減者数	3,058 人
小規模集合排水処理施設	排水人口	− 人	認定こども園	− 人	2割軽減保険料軽減者数	3,073 人
	排水面積	− 千㎡	障害児受入人員数	60 人	減額した被保険者均等割額計	75,098 千円
特定地域生活排水処理施設	排水人口	− 人	家庭的保育事業	− 人	減額した世帯別平等割額計	59,026 千円
個別排水処理施設	排水人口	− 人	小規模保育事業A型	21 人	一般被保険者数(H29.3.31現在)	18,126 世帯
公営住宅家賃収入補助相当額		− 千円	小規模保育事業B型	225 人	一般被保険者数(H29.3.31現在)	28,090 人
公営住宅家賃対策補助相当額		11,880 千円	小規模保育事業C型	− 人	養護老人ホーム被措置者数	2 人
スクールバス・ボートの数	小学校費	− 台(艇)	居宅訪問型保育事業	− 人	居宅介護(介護予防)サービス受給者数	2,359 人
	中学校費	− 台(艇)	小規模型事業所内保育事業A型	8 人	地域密着型(介護予防)サービス受給者数	501 人
教育扶助受給児童数		63 人	小規模型事業所内保育事業B型	− 人	施設介護サービス受給者数	602 人
教育扶助受給生徒数		40 人	保育所型事業所内保育事業	− 人	入湯税納税義務者数	− 人
完全給食実施数	小学校	7,263 人	特例保育給付	− 人	農道延長	1,034 m
	中学校	3,218 人	障害福祉サービス利用者数(平成29年10月サービス提供分)	914 人	農業共済課税対象戸数(H28～H30平均値)	− 戸
補食給食実施数	小学校	− 人	児童手当受給児童数	18,651 人	田の面積(2015センサス)	26 ha
	中学校	− 人	児童扶養手当受給者数	8,644 人	畑及び樹園地(2015センサス)	108 ha
ミルク給食実施数	小学校	− 人	診療所数	− 箇所	牧草専用地(2015センサス)	1 ha
	中学校	− 人	診療所病床数	− 床	市区町村所管森林面積	− ha
指定都市立学校教職員数	小学校	− 人	簡易水道等給水人口	− 人	財産区所管森林面積	− ha
	中学校	− 人	統市水道に係る簡易水道等給水人口	− 人		

補正の種類

	給与差	
寒冷補正	寒冷度	道路 面積 / 延長
		その他
積雪度	道路 面積 / 延長
		その他
	計	
数値急増補正	人口	地域振興費
	65歳以上人口	高齢者保健福祉費
	75歳以上人口	
	計	
数値急減補正	学級数	小学校費 / 中学校費 / 小 計
	学校数	小学校費 / 中学校費 / 小 計
	人口	地域振興費
	農家数	農業行政費
	従業者数	林野水産行政費
投資補正	下水道費	
	その他の教育費	
事業費補正	消防費	
	道路橋りょう費	
	港湾費	港湾 / 漁港

（参考）

平成29年度	A
平成30年度	B
増減額 B−A	C
伸率 C／A	D

注：1. 「年度別地方交付税交付額」中「伸率」は前年度当初算定に対する伸率である。（ただし、最終の伸率は前年度最終に対する伸率である。）
　　2. 「補正による増加需要額」中「合併算定替」は調整額を加味して計算している。

第5章　地方交付税のしくみと意義

一本算定替の別	都道府県名	市町村名	市町村コード	No.
一本	埼玉県	朝霞市	11227500	23

特別交付税交付額 千円	震災復興特別交付税交付額 千円	臨時財政対策債発行可能額 千円
118,393	174	561,290
		(-)
114,590	139	489,972
		(-)
-	-	268,241
		(-)

適用区分 （2）

普通態容種地	II 10 種地 956 点
地域手当の級地区分	4 級地

普通態容級地	農業行政費 ※ - 級地	林野水産行政費 ※ - 級地
	隔遠地に係るもの (-)	

寒冷級地	給与差 - 級地	寒冷度 - 級地	積雪度 - 級地

指定区分		
1 指定都市		6 建築主事設置市
2 中核市	○	7 限定特定行政庁設置市町村
3 施行時特例市		8 計量市
4 保健所設置市		9 児童相談所設置中核市
5 特別防災区域		10 福祉事務所設置町村

面積 ha

田畑面積	234
牧場面積	-

面積 km²

田面積	0.32
畑面積	1.94
宅地面積	7.15
森林面積	0.17
その他面積	8.76
計	18.34

住民基本台帳

	27.9.30現在 a 人	30.1.1現在 b 人	b/a×100 %
人口	135,556	138,442	102.1

	28.1.1現在 a 人	30.1.1現在 b 人	b/a×100 %
65歳以上人口	25,431	26,629	104.7
75歳以上人口	11,312	12,686	112.1

	人口密度（人）	人口集中地区人口（人）		人口集中地区面積（km²）	
2年度	5,650	12国調	117,000	12国調	12.0
7年度	6,041	17国調	121,758	17国調	12.0
12年度	6,527	22国調	127,084	22国調	12.0
17年度	6,783	27国調	133,556	27国調	12.0
22年度	7,071				
27年度	7,432				

補正による増加需要額

増加額 千円	補正の種類		増加額 千円
-	事業費補正	都市計画費	-
-		公園費	-
-		下水道費	23,600
-		その他の土木費	-
-		小学校費	67,640
-		中学校費	30,716
-		高等学校費	-
65,101		社会福祉費	6,365
6,691		高齢者保健福祉費	-
45,671		清掃費	8,213
117,463		農業行政費	-
-		林野水産行政費	-
3,291		地域振興費（人口）	19,706
3,291		地域振興費（面積）	-
		計	202,800
-	密度補正	消防費（石油コンビナート分）	-
-		下水道費	94,899
-		その他の土木費	-37,757
2,023		小学校費 スクールバス・ボート分	
-		小学校費 準要保護児童経費分	-2,193
-		中学校費 スクールバス・ボート分	
5,314		中学校費 準要保護生徒経費分	-1,462
-		その他の教育費 密度補正II	95,339
-		その他の教育費 密度補正III	-57,628
-		生活保護費	-182,711
-		社会福祉費	-47,853
46,560		保健衛生費 診療所等	-2,146
-		保健衛生費 国保分	-83,560

補正の種類		増加額 千円
高齢者保健福祉費		-259,907
清掃費		-
農業行政費	農業共済事務費	-253
	多面的機能支払	-1,012
	農道延長分	84
林野水産行政費	密度補正I	-
	密度補正II	-
地域振興費（人口）	外国青年招致事業分	-
	基地補正	749
	計	-485,411
態容補正II	その他の教育費	-
	農業行政費	-
	林野水産行政費	-
	計	-
隔遠地補正		-
経常態容補正	地域振興費（人口） 支所	-
	消防費 消防署	-
	保健衛生費 保健センター等	-
合併補正		-
合併算定替		

臨時財政対策債発行可能額（千円）	地方特例交付金（千円）	東日本大震災に係る特例加算額（千円）
489,972	132,483	96
268,241	161,086	88
-221,731	28,603	-8
-45.3	21.6	-8.3

3. 「人口密度」については、各年度の国調人口を本年度の面積を用いて算出している。
4. ※の欄は、被災地特例適用団体については被災地特例適用後の数値である。

は、その年にそれだけ交付税措置がされたということです。市町村合併をした自治体であれば、合併特例債償還費に着目してみてください。地方交付税はその総額を経年的につかんでいくことも大事ですが、どういった項目で地方交付税算出にかかる基準財政需要額が積み上がってきたのかを確認することも大事です。

個別算定経費計の下に包括算定経費人口分、面積分、両者の合計があります。個別算定経費計と包括算定経費計を足した額が、その下にある「振替前需要額」になります。「振替前需要額」は端的にいうと、「本来の基準財政需要額」を指します。地方交付税は、基準財政需要額と収入額の差が交付される制度ですが、現在、その財源不足が続いています。そのため、そのままの額では地方交付税を交付することはできません。そのため、国は地方に臨時財政対策債の起債を認め、その発行可能額分の基準財政需要額を減らすことで、収支のバランスを取っています。その臨時財政対策債発行可能額が、この資料でいう「臨時財政対策債振替相当額」を指します。この額の範囲であれば臨時財政対策債の発行が可能になります。そして、「振替前需要額」から「臨時財政対策債振替相当額」を引いた額が、その下にある「基準財政需要額」となります。[*1]

時間があれば、「臨時財政対策債振替相当額」と決算カードにある臨時財政対策債の発行高を見比べてみるのもいいでしょう。自分たちの自治体が発行可能額に対し、どの程度の臨時財政対策債を発行しているのかをみることができ、行政の臨時財政対策債に対する考え方が推察できます。

合わせて、1枚目の右下には基準財政収入額の内訳も載っていますのでこちらも確認をしてみてください。

2枚目には人口や面積など基準財政需要額算出に必要なデータや補正に用いたデータが載っていますので一通り確認してみてください。

合併した自治体では、この地方交付税算定台帳が2種類作られていることに注意が必要です。一つは合併した本来の姿で交付される額を表す「一本（算定）」ともう一つは合併算定替によって増額された「算定替」です。一本算定か算定替かは1枚目右上に書いていますので確認をしてみてください。また2枚目左上には、3カ年分の基準財政需要額、基準財政収入額、交付税額がそれぞれ一本算定の場合と算定替の場合とが載っています。ここを確認し、合併によってどれだけ増額しているのか、今後どれだけ交付税が削減されるのかを確認してみてください。

注
1　大和田一紘・石山雄貴『四訂版習うより慣れろの市町村財政分析』自治体研究社、2017、114〜117ページ。

あとがき　地方財政を私たちの手に

1　わがまちの財政状況は第何位？

　これまで、類似団体比較カードと財政状況資料集の見方を解説してきました。この二つの資料に共通することは、類似団体と比較していることです。特に財政状況資料集では色々な財政指標や区分を順位づけしています。

　順位をみる際に大事なことは、決して1位がいいということでも、1位になることを目指すべきということでもないことです。例えば、よい自治体運営をしているといわれる「小さくても輝く自治体」の多くは、財政力指数が低いです。もちろん、地方交付税を通した中央集権が続いていることや地方交付税の削減が続いていること、臨時財政対策債の継続から地方交付税との向き合い方を考えないといけないですが、財政力指数が低いからといって直ちに問題であるという話でもありません。また、経常収支比率も同様です。経常収支比率で多くを占めるのが人件費ですが、人件費を削り経常収支比率を下げたらいいという話でもありません。また、経常収支比率は、70〜80％が望ましいといわれていましたが、扶助費の金額が増加しているなかで、適正な人件費を確保していくためには、経常収支比率が80％の範囲に収まらない自治体がほとんどです。

　順位はあくまで、今そのまちが置かれている立ち位置を示すもので、順位をもとに自治体間で競争するためのものではないです。順位や類似団体平均との差異を知り、その背景（例えば過去の大型事業等）をさぐることは、わがまちの財政の特徴を知るきっかけになります。そうしたことを基に、財政の特徴を知り、わがまちにあった財政計画や財政指標の達成目標を立てていくことが健全な財政運営に不可欠です。

　また、健全化判断比率における国の基準はとても低く、そのまま指標を使っていたらほとんどの自治体は、特段の対策なく基準をクリアできてしまいます。そのため、国の基準とは別に自治体の状況からみた望ましい基準を考えていく必要があります。その際に、類似団体の状況や経年的な状況が一つのものさしになるはずです。

　一方で、自治体間を順位づけし、競争を求めているのが、近年の国の地方政策です。ふるさと納税は返礼品競争が激化し、地方創生交付金も自治体間の競争に基づき、交付を決定しています。また、地方創生政策では、競争を前提とするKPI（Key Performance Indicator）と呼ばれる重要業績評価指標が設定され、自治体間競争が余儀なくされました。さらに、自治体総合戦略2040では、地方行政の「標準化・共通化」も求めています。本来、地方行政はそのまちの経済状況や自然的条件、人口などそのまちの特徴に合わせて行うべきですし、まちが持つ特性に基づいて地方自治が育まれてきました。そのため、地方行政の「標準化・共通化」を求めるこの方針は、地方自治を否定するものだと考えられます。

こうした国から地方への押し付けは今に始まったことではなく、市町村合併や地方創生などこれまでやられてきたことでした。その際の手段として有効だったのが、地方交付税制度の改定を通した財政誘導でした。トップランナー制度のさらなる導入や圏域化にむけた交付税措置など地方交付税制度を使った財政誘導は今後も続くことが想定されます。こうしたなかで安易に財政誘導に乗らず、冷静な判断をしていくためには、地方交付税算定台帳をみたり、地方交付税制度の知識があることが必要不可欠です。

2　財政からわがまちの未来を考える

さまざまな研究者によって、自治体総合戦略2040や増田レポートの批判がされています。もちろん、これから大規模災害が起きたり、さらなる技術革新が起き、これらでの予測通りの未来にはならないでしょうし、予測結果や予測した未来の課題への対応方法には問題はあります。ですが、一点評価できる点があると思います。それは、未来を予測しようとした点です。わたしたちのまちをよくしようと政策を立てる際、未来のまちの姿をいかに想定するかがとても重要になります。例えば、長期総合計画は、現状の課題の解決だけではなく、これらから起こりうる課題への対策の方針を決める計画です。

わがまちの未来のことを考えた計画を立てる際に、大事なのがこれまでの財政状況の把握です。どんなに良い計画を立てても、それを実行する財源がないと意味がありません。未来を予測するためには、まず現状の立ち位置を捉える必要があります。例えば、地方債現在高と公債費が経年的に高く、類似団体と比べても高い自治体があるとします。そこでこれから地域活性化をしようとする場合大規模開発をして地方債をさらに発行するというのは現状の立ち位置をうまく捉えていないと考えられます。むしろ、そうした自治体であれば、地方債現在高と公債費が経年的に高く、類似団体と比べても高いという現状を知った上で、それらを減らしつつ、身の丈にあった地域活性化の方法を考える必要があります。財政状況資料集や類似団体比較カードには、経年的にみた現在の立ち位置、類似団体と比較した時のわがまちの立ち位置が書かれており、それはこれからの未来を考えていく上でとても重要になります。また、想定する未来は、進行している事態や計画遂行状況に即して、常に修正し、更新する必要があります。その際にも、類似団体比較や経年比較から、毎年の財政状況の特徴を把握する必要があります。

この本は財政状況資料集、類似団体比較カード、地方交付税算定台帳の見方を伝えることに集中しました。みなさんのまちの主役はみなさん自身です。これらの財政資料を基に財政状況を把握し、よりよい未来を考えてみましょう。

3　市民財政白書づくりの輪のなかへ

決算カードが総務省のウェブサイトで公開され始めたのを契機に、決算カードを

活用した住民の財政分析の学習活動が盛んになりました。学習成果を1冊の本にまとめる市民財政白書づくりが全国へ広がりをみせています。私（大和田）が関わった市民財政白書だけでも全国で70冊を超える数が発刊されています。市民財政白書づくりが広がりを見せた時期というのは、小泉内閣を筆頭に地方交付税の削減や三位一体改革の財政改革の総仕上げを行っていた時期でした。市町村のあり方が大きく変わっていく一方で住民は地道に自らのまちを分析し、財政白書を作成してきました。いま、そうした住民の「けなげな気持ち」は、自らのまちの決算を行政や議会任せにはしない地方分権時代の三権分立のチェック機能（住民自治の前進）の強化に活路を見い出しています。また、市民財政白書づくりの広がりは、先に出版にこぎつけた自治体の市民からこれから出版を目指していく自治体の市民へと、自治体を超えて白書づくりの手法を伝えていくような次の段階に入っています。市民財政白書づくりの広がりのなかで、各地で生まれている主権者意識をもったオピニオンリーダーたちは、「地域を変えられる力」を持ち合わせています。

　この本を手にとり、ここまで読み進めてきた読者の皆さんは、難解な財政指標を身近なものにし、きっと市民財政白書をつくる「心の準備」ができたと思います。仲間を集めて、ぜひ財政白書づくりの輪のなかに加わってみませんか。

　最後になりましたが、この本を作るにあたり、財政資料の収集を手伝ってくださったみなさん、ご担当いただいた自治体研究社編集部のみなさんに感謝申し上げます。

著　者

大和田　一紘（おおわだ　いっこう）

1943年、青森県弘前市生まれ。東京学芸大学大学院教育学研究科修了。東京都自然環境保全審議会委員を6期12年、東京都環境科学研究所研究員、中央大学社会科学研究所客員研究員、埼玉大学、法政大学講師、NPO法人多摩住民自治研究所理事長を歴任。
現在、一般社団法人財政デザイン研究所代表理事、多摩住民自治研究所理事。
専門は、地方自治、地方財政、環境教育、環境政策、まちづくり論。
主な著書
『市民による　市民のための合併検証』（編著、自治体研究社、2007年）
『市民が財政白書をつくったら』（編著、自治体研究社、2009年）
『四訂版　習うより慣れろの市町村財政分析—基礎からステップアップまで—』（共著、自治体研究社、2017年）

石山　雄貴（いしやま　ゆうき）

1989年、東京都江戸川区生まれ。2016年度東京農工大学大学院連合農学研究科農林共生社会科学専攻修了。博士（学術）。
現在、鳥取大学地域学部講師。専門は、地方自治、地方財政、環境教育、社会教育。
主な著書・論文
『四訂版　習うより慣れろの市町村財政分析—基礎からステップアップまで—』（共著、自治体研究社、2017年）
「コミュニティ・スクールと地方財政」『民主教育研究所年報』19号、2019年
「地方自治体の決算からみえる社会教育職員問題」『月刊社会教育』63巻9号、2019年
「財政から見た『地方創生』で加速する学校統廃合」『住民と自治』655号、2017年

菊池　稔（きくち　みのる）

1991年、栃木県宇都宮市生まれ。2017年度東京農工大学農学府共生持続社会学専攻修了。
現在、一般社団法人財政デザイン研究所理事、NPO法人多摩住民自治研究所研究員、学校法人武蔵野大学通信教育学部非常勤講師を務める。
専門は、幼児教育、災害教育、環境教育、地域づくり。
主な論文
Noriko, H., David A., Minoru K. 2019 Value and Challenges of Resilience Education Against Natural Disasters: Comparative Research between Japan and the USA,『環境教育』, vol28(4), pp29-35.

財政状況資料集から読み解くわがまちの財政

2019年10月25日　　初版第1刷発行

　　　　　　　　　　　著　者　大和田一紘・石山雄貴・菊池　稔
　　　　　　　　　　　発行者　長平　弘
　　　　　　　　　　　発行所　㈱自治体研究社
　　　　　　　　　　　〒162-8512　東京都新宿区矢来町123　矢来ビル4F
　　　　　　　　　　　電話：03・3235・5941　FAX：03・3235・5933
　　　　　　　　　　　http://www.jichiken.jp/　　E-Mail：info@jichiken.jp

ISBN978-4-88037-703-2 C0033　　　　　　　　印刷・製本：モリモト印刷株式会社
　　　　　　　　　　　　　　　　　　　　　　DTP：赤塚　修

四訂版 基礎からステップアップまで
習うより慣れろの市町村財政分析

大和田一紘・石山雄貴著　　定価（本体2500円＋税）

決算カードと決算統計、予算説明書などを使って、歳入、歳出、決算収支、財政指標を分析する方法を分かりやすく紹介する基礎編と、類似団体との比較、特別会計や補助金の分析、合併自治体の財政分析などを紹介するステップアップ編の53講で財政分析の手法がわかる。

- 赤字か黒字かをみる「決算収支」
- 自治体の収入はどれくらい？（歳入をみる）
- どこにおカネを使っているの？（歳出のしくみ）
- 財政指標（指数等）を読む
- ステップアップへ
  - 類似団体比較カード／「特別会計」／補助金／基準財政需要額／合併した自治体の分析　ほか

〈巻末付録〉
①決算カード「分析表」　②財政状況資料集

新版 そもそもがわかる自治体の財政
初村尤而著　　定価（本体2000円＋税）

暮らしのなかのお金の流れに注目し、公共サービスのあらましをたどって、数字に隠れた市民生活や地域の現状へいざなうまちの財政のしくみを考える入門書。

データベースで読み解く自治体財政─地方財政状況調査DBの活用
武田公子著　　定価（本体1600円＋税）

市町村の財政状況を表わす「地方財政状況調査個別データ」が総務省のウェブサイトで公開されている。その活用、手順の仕方を分かりやすく解説。

市民が財政白書をつくったら…
大和田一紘編　　定価（本体1905円＋税）

『習うより慣れろの市町村財政分析』で学んだ市民は、仲間を集め、学び、調べ、書くことで「手づくり財政白書」ができた。その醍醐味とつくりかたを教える。

「自治体戦略2040構想」と地方自治
白藤博行・岡田知弘・平岡和久著　　定価（本体1000円＋税）

「自治体戦略2040構想」研究会の報告を読み解き、基礎自治体の枠組みを壊し、地方自治を骨抜きにするさまざまな問題点を明らかにする。

公共サービスの産業化と地方自治
──「Society 5.0」戦略下の自治体・地域経済──
岡田知弘著　　定価（本体1300円＋税）

国・自治体の政策決定、公共サービスのあらゆる公共領域が成長戦略に位置づけられ、市場化が強化されつつある。その対抗軸がどこにあるかを問う。

自治体研究社